Jens Lieblein

Handel und Schiffahrt auf dem rothen Meer

nach ägyptischen Quellen

Jens Lieblein

Handel und Schiffahrt auf dem rothen Meer

nach ägyptischen Quellen

ISBN/EAN: 9783954271252
Erscheinungsjahr: 2012
Erscheinungsort: Bremen, Deutschland

© maritimepress in Europäischer Hochschulverlag GmbH & Co. KG, Fahrenheitstr. 1, 28359 Bremen. Alle Rechte beim Verlag und bei den jeweiligen Lizenzgebern.

www.maritimepress.de | office@maritimepress.de

Bei diesem Titel handelt es sich um den Nachdruck eines historischen, lange vergriffenen Buches. Da elektronische Druckvorlagen für diese Titel nicht existieren, musste auf alte Vorlagen zurückgegriffen werden. Hieraus zwangsläufig resultierende Qualitätsverluste bitten wir zu entschuldigen.

Handel und Schiffahrt auf dem rothen Meer

Nach ägyptischen Quellen

von

J. Lieblein,
Professor der Aegyptologie an der norwegischen Universität.

Herausgegeben von der Gesellschaft der Wissenschaften zu Christiania.

Christiania.

A. W. Brögger's Buchdruckerei

1886.

Inhalt.

	Seite
Einleitung	1
Der ägyptische Handel mit Pun	11
Die Lage des Landes Pun	52
Die Pun-Phöniker im Lande Pun	76
Die Colonien der Pun-Phöniker	91
1. Die Colonien im ägyptischen Nilthale	91
2. Die Colonien im Deltalande	99
3. Die Colonie der Pun-Phöniker in Edom	130

Einleitung.

Krieg und Handel waren im Alterthume die zwei mächtigsten civilisatorischen Kräfte. Obwohl sie, wie bekannt, sich nicht gut vertragen, wirkten sie doch im brüderlichen Verein zu einem gemeinschaftlichen Ziele: die Völker in Berührung mit einander zu bringen und dadurch die Civilisation zu fördern.

Das gegenseitige Verhältniss der Nationen war ursprünglich feindlich: jeder Fremde, der in ein Land hineinkam, war ein Feind, der entweder wieder ausgejagt oder getödtet werden musste. Die Griechen nannten die übrigen Völker Barbaren, und die Spartaner warfen die persischen Herolde in einen Brunnen als Barbaren, denen gegenüber das heilige Recht der Herolde keine Gültigkeit hatte. Kina und Japan waren für die Fremden verschlossen, bis es erst in den letzten Zeiten den Europäern und Amerikanern gelungen ist, diese Reiche für den Handel und die Civilisation der Europäer zu öffnen. Der Versuch, die wilden Negerstämme Afrikas zu besuchen, hat manchem verwegenen Reisenden das Leben gekostet, weil der Fremde ein Feind war, den es Recht, ja vielleicht Pflicht war zu tödten.

So lange aber die Völker sich gegen einander verschliessen, so lange sie jeden fremden Einfluss, jede Einwirkung fern halten, leben sie materiell und intellectuell ein armseliges Leben; sie berauben sich nämlich materiell aller fremden Waaren und Erzeugnisse und intellectuell aller fremden Gedanken und Ideen. Ein grosses und reiches Land, wie Kina, kann zur Noth sich selbst helfen, weil es einen solchen Reichthum, eine solche Mannigfaltigkeit materieller und geistiger Hilfsmittel besitzt, dass es seinen Kindern ein leidlich erträgliches Dasein bieten kann, doch, wie gesagt, bloss zur Noth, da es Jedermann bekannt ist, dass die kinesische Civilisation nicht im hohen Kurs steht. Ein kleines Volk aber, ein wenig zahlreicher Stamm kann sich nicht auf diese Weise helfen; denn je minder ein Volk ist, einen desto minderen Bruchtheil des Menschengeschlechts macht es aus und einen desto minderen Part der ganzen Masse von Erzeugnissen und Kenntnissen, die auf der Erde sind, besitzt es; arm ist es und arm wird es, wenn es sich nichts von fremdem Ueberflusse erwerben kann; und dies ist wohl einer der Gründe, warum die wilden Stämme Afrikas, die von einander und von der Aussenwelt im Allgemeinen abgesondert leben, sich noch nicht von dem rohen Naturstande gehoben haben.

Daher mussten die Grenzpforten aufgesperrt werden, daher mussten die Stämme, die Völker in Berührung mit einander kommen, Erzeugnisse und Gedanken mussten vertauscht und gewechselt werden, wenn die Kultur sprossen und wachsen sollte. Und hier waren Krieg und Handel, besonders der Handel, die ersten mächtigen Factoren.

Der Krieg, obwohl er barbarisch ist, oder vielleicht gerade darum, war am nächsten vorhanden und konnte daher zuerst seine Wirkung ausüben. Trotz dessen aber, dass er auf das Leben und Gut so vernichtend wirkt, dass er einer der grössten Unglücksfälle ist, welche die Menschen als Individuen betrachtet treffen können, muss er doch auf diesem Punkte der Menschenentwickelung als ein Glück angesehen werden, weil er die abgesonderten Völker zusammenführt und dadurch die Civilisation möglich macht. Hier als Beweis Beispiele anzuführen, würde die ganze Geschichte des Krieges vom ersten Anfange an zu schreiben sein, und doch würde es schwierig sein ganz schlagende Beweise zu geben, weil die Civilisation in der Regel ein Product so vieler Factoren ist, dass es beinahe immer unzureichend sein würde nur einen einzelnen derselben hervorzuheben. Eins steht indessen wohl nicht zu leugnen, dass nämlich die ältesten civilisatorischen Staaten, wie Aegypten, Babylonien und Assyrien hauptsächlich dem Kriege ihre culturgeschichtliche Bedeutung zu verdanken haben. Der Sieg im Kriege führt Reichthum, Macht und Ansehen mit sich. Der erste Sieg ist der erste Anfang dazu. Er verschafft die Mittel einen zweiten Sieg, der zweite die einen dritten zu gewinnen und so ferner. Jeder folgende Sieg ist um so bedeutender und wichtiger, je mehr der Siege vorausgehen. Es ist wie eine Lawine, die um so mehr wächst, je weiter sie rollt. Der Sieger führte die Beute des Sieges mit sich nach Hause: Gefangene, Naturproducte, Kunst- und Industrie-Erzeugnisse, jedesmal die werthvollsten vorhandenen und in grosser Anzahl.[1] Und nicht nur einmal nach dem Siege, sondern jedes Jahr wiederholte es sich, indem die unterjochten Nationen ihre jährlichen Tribute an die Hauptstadt des Siegers brachten. Hier häuften sich somit grosse Reichthümer nicht nur materieller, sondern auch geistiger Schätze auf: nicht nur Gold, Silber, Edelsteine und allerlei Kostbarkeiten, Producte im Ueberfluss für die Bedürfnisse des Körpers und für die Verfeinerung und Verschönerung des Lebens, sondern auch Kenntnisse, Gedanken und Ideen, Erfindungen und Künste und Wissenschaften. Die Beute, die Ueberfluss wirkte, und die Gefangenen, welche als Sklaven die harte körperliche Arbeit auf sich nehmen mussten, befreiten die Sieger von der Arbeit für den Unterhalt des Körpers und gaben ihnen Zeit für die höheren Interessen zu leben und für die geistige Entwickelung zu arbeiten. Schulen wurden errichtet, die Künstler bekamen Ausbildung und Beschäftigung, grosse Bauwerke wurden aufgeführt und wissenschaftliche Institutionen gegründet, und hier konnten die Gelehrten das ganze Wissen der Zeit sammeln und weiter entwickeln. Kurz, die Hauptstadt wurde der Stapelplatz der materiellen und geistigen Reichthümer des Zeitalters, das Centrum der Weltkultur.

Auch einer anderen Thatsache muss allgemeine Gültigkeit eingeräumt werden, da sie sich so regelmässig und so oft in der Geschichte bestätigt hat, und die ist, dass rauhe und wilde

---

[1] Ich brauche hier nur auf die reichen Beute- und Tributlisten der ägyptischen Pharaonen, besonders auf die des Thotmes III zu verweisen.

Eroberer, die Einfall in ein civilisirtes Land gemacht und sich da festgesetzt haben, immer von der höheren Cultur der Besiegten besiegt werden.

Noch mehr augenfällig ist der Einfluss des Handels auf die Civilisation. Er bringt die Nationen, weil er es auf friedliche Weise macht, in innerlichere Berührung mit einander als der Krieg, so dass sie sich dadurch vollständiger kennen lernen. Während des Austausches der Kaufmannswaaren und Naturerzeugnisse werden auch Erfindungen, Gedanken und Ideen vertauscht. Dass dies der Fall ist, dafür legen die Phöniker ein vorzügliches Zeugniss ab. Es wird nämlich von diesem ersten Handelsvolk des Alterthums erzählt, dass es Münzen, Mass und Gewicht, das Glas, die Buchstabenschrift u. s. w. erfunden habe. Jetzt wissen wir zwar, dass dies nicht ganz richtig ist, da das Gewicht, das Glas und die Buchstabenschrift z. B. in Aegypten lange vor den Zeiten der Phöniker bekannt waren. Auf ihren Handelsreisen in fremden Ländern aber haben die Phöniker bei einigen ihrer Nachbarn, wie den Aegyptern und den Babyloniern, diese Dinge kennen gelernt und sie von da nachher an andere Nachbarn, wie die Griechen, mit sich genommen, wodurch die Ehre, das erfunden zu haben, was sie nur von andern entlehnt hatten, ihnen zugeschrieben wurde.

Die Geschichte des Handels hat somit nicht nur Bedeutung an und für sich oder darum allein, dass sie uns von dem Ursprung, dem Gang und der Entwickelung des Handels erzählt, sondern ist von besonderem Interesse, weil sie uns die Entstehung und Entfaltung der Cultur unter den Völkern besser verstehen lehrt. Dies gilt im vorzüglichen Grade den ältesten Zeiten[1] und zwar in zweifacher Beziehung. Denn andererseits hatte der Handel, wenn ich sagen darf, durch Akklimatisirung der fremden Culturkeime, das heisst, durch Ueberführung derselben von dem einen Land in das andere, im Alterthume einen grösseren Antheil an der Entfaltung der Civilisation als später, und anderer-

---

[1] Auch in den späteren Zeiten hat der Handel bisweilen eine ähnliche Rolle gespielt. Cf. H. Prutz, Staatengeschichte des Abendlandes im Mittelalter I, 702 fl.

seits ist die Handelsgeschichte dadurch von Bedeutung, dass sie neue Anschauungsweisen hervorruft und neue Ansichten öffnet und somit dazu beiträgt neues Licht über die ältesten Zeiten zu werfen, deren richtiges Verständniss der Mangelhaftigkeit der Quellen wegen so schwierig ist.

Nun ist, wie bekannt, Aegypten das älteste Reich, die älteste Civilisation, welche die Weltgeschichte kennt. Dort finden sich die ältesten Denkmäler, dort die ältesten Inschriften, die bis zu unserer Zeit erhalten und uns zugänglich sind. Es ist daher natürlich, dass wir auch dort die ältesten Nachrichten von dem Handel finden. Wie kann aber, fragt man wahrscheinlich hier erstaunt, die Rede vom Handel in Aegypten sein, wenn es den gewöhnlichen Vorstellungen nach von der Aussenwelt sorgfältig abgeschlossen sei? Allein es war wirklich der Fall, dass die Aegypter Handel, nicht nur im Lande selbst, sondern auch mit dem Auslande trieben, und die Thatsache wird hier wieder bestätigt, dass Aegypten jedenfalls in gewissen Perioden seiner Geschichte in lebhaftem Verkehr mit der Aussenwelt stand. Es ist daher falsch, wenn behauptet wird, dass Aegypten vor den Zeiten Psametiks, wie später Japan und Kina, für die Fremden vollständig verschlossen gewesen sei, obwohl man sich hier zum Theil auf Diodor (I, 67 u. 69) stützen kann. Vielleicht kann dies mit einigem Recht von dem Paar Jahrhunderten, die der Regierung Psametiks vorangingen, gesagt werden; denn in dieser Zeit war das Land in mehrere Kleinstaaten zersplittert, gleichzeitige Könige rivalisirten mit einander und bekämpften sich gegenseitig, und unter solchen rechtlosen und revolutionären Verhältnissen konnten die Fremden wohl nicht mit Sicherheit das Land besuchen. Dies war indessen nur eine Ausnahme von dem gewöhnlichen Zustand der Rechtssicherheit.

Man hätte übrigens dies schon längst aus den Berichten der Bibel von dem ägyptischen Handel in den Zeiten der Patriarchen wissen können. Es ist ja genug bekannt, dass Joseph von seinen Brüdern an midianitische Kaufleute verkauft wurde, welche auf ihren Kamelen Specereien, Balsam und Ladanum nach Aegypten führten; Sklaven brachten sie wohl auch mit, da sie Joseph in Aegypten an Potiphar wieder verkauften. Es ist auch bekannt, dass Abraham während einer Hungersnoth nach Aegypten zog, wo er von Pharao und seinen Dienern freundlich empfangen wurde; ferner, dass Jacob während einer späteren Hungersnoth seine Söhne nach Aegypten schickte um Korn zu kaufen. Es ist kein Grund vorhanden diese Erzählungen zu bezweifeln, und dies um so weniger, als selbst ägyptische Inschriften zu berichten wissen, dass fremde Leute, Familien oder Stämme gastfreien Empfang und Wohnung im Lande bekamen. Zwar spielten hier besondere politische Gründe mit, welche den von der Bibel erwähnten Verkehr begünstigten; denn es waren die simitischen Hyksos, die in jenen Tagen Unterägypten beherrschten, und diese stammverwandten Brüder waren es ohne Zweifel, zu welchen Abraham, Joseph und die midianitischen Kaufleute kamen. Aber das bekannte Bild in dem Grabe Beni-Hassans (Leps. Denkm. II, 133) zeigt, dass die Semiten auch unter der einheimischen zwölften Dynastie in Aegypten Empfang und Wohnung erhielten.

Auch Homer weiss von Fremden, von Griechen zu erzählen, welche nach Aegypten kamen, und dass seine Erzählungen nicht ganz aus der Luft gegriffen sind, geht daraus deutlich hervor, dass er die ägyptischen Verhältnisse und Einrichtungen ziemlich gut kennt.

So erzählt Odysseus:

„Und mich reizte mein Herz, mit göttergleichen Gefährten
Einige Schiffe zu rüsten, und nach dem Aegyptos zu segeln.
Und ich rüstete neun, und schnell war die Menge versammelt . . .
Aber am siebenten Tage verliessen wir Kreta,
Unter dem lieblichen Wehn des reinen beständigen Nordwinds
Sanft, wie mit dem Strome, dahin; und keines der Schiffe
Wurde verletzt; wir sassen gesund und fröhliches Muthes
Auf dem Verdeck und liessen vom Wind und Steuer uns lenken.
Aber am fünften Tag erreichten wir des Aegyptos
Herrlichen Strom, und ich legte die gleichen Schiffe vor Anker.
Dringend ermahnt' ich jetzo die lieben Reisegefährten
An dem Gestade zu bleiben und unsere Schiffe zu hüten,
Und versendete Wachen umher auf die Höhen des Landes.
Aber sie wurden von Trotz und Uebermuthe verleitet,
Dass sie ohne Verzug der Aegypter schöne Gefilde
Plünderten, ihre Weiber gefangen führten, die Männer

Und unmündigen Kinder ermordeten. Und ihr Geschrei kam
Schnell in die Stadt. Sobald der Morgen sich röthete, zogen
Streiter zu Ross und zu Fusse daher, und vom blitzenden Erze
Strahlte das ganze Gefild. Der Donnerer Zeus Kronion
Sendete meinen Gefährten die schändliche Flucht, und es wagte
Keiner dem Feinde zu stehn; denn ringsum drohte Verderben.
Viele tödteten sie mit eherner Lanze, und viele
Schleppten sie lebend hinweg zu harter sklavischer Arbeit.
Aber Kronion Zeus gab selber diesen Gedanken
Mir ins Herz: (o hätte mich lieber das Todesverhängniss
Dort in Aegyptos ereilt, denn meiner harrte nur Unglück!)
Eilend nahm ich den schöngebildeten Helm von dem Haupte
Und von der Schulter den Schild und warf den Speer aus der Rechten,
Ging dem Wagen des Königs entgegen, küsst' und umarmte
Seine Knie', und er schenkte mir voll Erbarmen das Leben,
Hiess in den Wagen mich steigen und führte mich Weinenden heimwärts . .
Sieben Jahre blieb ich bei ihm und sammelte Reichthum
Von dem ägyptischen Volke genug; denn sie gaben mir alle.
Doch wie das achte Jahr im Laufe der Zeiten herankam,
Siehe, da kam ein phönikischer Mand, ein arger Betrüger
Und Erzschinder, der viele Menschen ins Elend gestürzt hat;
Dieser beredete mich mit ihm nach Phönike zu fahren,
Wo der Bube sein Haus und sein Erworbenes hatte."[1]

Von Helena heisst es, dass ihr

„Phylo brachte den silbernen Korb, den ehmals Alkandra
Ihr verehrte, die Gattin des Polybos, welcher in Thebe
Wohnte, Aegyptos Stadt voll schätzereicher Paläste."[2]

Und gleich nachher wird erzählt:

„Aber ein Neues ersann die liebliche Tochter Kronions:
Siehe! sie warf in den Wein, wovon sie tranken, ein Mittel
Gegen Kummer und Groll und aller Leiden Gedächtniss.
Kostet einer des Weins, mit dieser Würze gemischet,
Dann benetzet den Tag ihm keine Thräne die Wangen,
Wär' ihm auch sein Vater und seine Mutter gestorben,
Würde vor ihm sein Bruder und sein geliebtester Sohn auch
Mit dem Schwerte getödtet, dass seine Augen es sähen.
Siehe, so heilsam war die künstlichbereitete Würze,
Welche Helenen einst die Gemahlin Thons Polydamna
In Aegyptos geschenkt. Dort bringt die fruchtbare Erde
Mancherlei Säfte hervor, zu guter und schädlicher Mischung;
Dort ist jeder ein Arzt und übertrifft an Erfahrung
Alle Menschen."[3]

---

[1] Homers Odyssee XIV, 246—291; nach J. H. Voss' Uebersetzung.
[2] Hom. Od. IV, 125 ff.
[3] Hom. Od. IV, 219 ff.

In der Iliade lesen wir:

„Böt' er sogar die Güter Orchomenos, oder was Thebe
Hegt, Aegyptos Stadt, wo reich sind die Häuser an Schätzen:
Hundert hat sie der Thor', und es ziehn zweihundert aus jedem,
Rüstige Männer zum Streit, mit Rossen daher und Geschirren."[1]

Die Aegypter trieben also Handel mit dem Auslande, nicht bloss passiv, so dass sie nur durch fremde Kaufleute die fremden Waaren einführen liessen, sondern auch jedenfalls theilweise activ, indem sie bisweilen selbst ihre Konsumartikel vom Auslande holten.

Dieser Handel nun ist es, den ich zum Gegenstand der folgenden Untersuchung machen werde, doch ist es nicht der Handel überhaupt, sondern hauptsächlich nur der älteste Handel, der Handel in Verbindung mit der Schiffahrt auf dem rothen Meere, das heisst der eigentliche Welthandel der ältesten Zeiten, von dem die Rede hier sein wird. Dieser ist es nämlich, über den einige erst in der späteren Zeit entdeckte ägyptische Inschriften und Darstellungen neues, früher nicht geahntes Licht werfen. Das Land Pun war nach den Denkmälern der Mittelpunkt dieses Welthandels, und wir werden uns daher zunächst mit dem ägyptischen Handel in dem Lande Pun zu beschäftigen haben.

---

[1] Hom. Ilias IX, 381 ff.

Der ägyptische Handel mit Pun.

Wenn man sich die Aufgabe stellt dem altägyptischen Handel nachzuforschen, muss man natürlich zuerst die ägyptischen Denkmäler selbst in Betracht ziehen, und glücklicherweise geben sie uns gute und zuverlässige Nachrichten. Aber hier wie überall, wenn man der geschichtlichen Entwickelung nachspüren will, ist es durchaus nothwendig sie in einer streng chronologischen Folge zu nehmen.

Wir betrachten daher erst die ältesten Urkunden. Diese sind Inschriften im Thale Hammamat, die schon unter der fünften Dynastie, also cr. 2700 v. Chr. anfangen. Das Hammamat-Thal liegt unter 26° N. B. in den wüsten Gebirgen, die sich zwischen dem Nile im Westen und dem rothen Meere im Osten hinstrecken. Die Aegypter hatten hier in den ältesten Zeiten Steinbrüche, von denen sie kostbares Gestein zu ihren monumentalen Werken erhielten. Durch dieses Thal ging auch die gewöhnliche Handels- und Karavanenstrasse zwischen Koptos und dem rothen Meere. Denn Koptos, auf dem östlichen Ufer des Nils, wo der Fluss eine starke Ausbiegung gegen Osten hin macht, war eine weit nach dem rothen Meere vorgeschobene Stadt und somit ein passender Hauptstapelplatz der überseeischen Waaren, die vom rothen Meere nach Aegypten gebracht wurden. Der kürzeste Weg von hier nach dem rothen Meere ging durch das Hammamat-Thal und weiter nach dem heutigen Kosseir, dem Leukos Limen der Griechen.[1] Auch andere Wege führten von Koptos nach dem rothen Meere nämlich sowohl in eine nord-

---

[1] Ich verweise übrigens auf die ausführliche Beschreibung dieser Lokalitäten in Dümichen, Geschichte des alten Aegyptens, 115 ff.

als in eine südöstliche Richtung; da sie aber länger waren, ist die Hammamat-Strasse zu allen Zeiten die Hauptroute gewesen. Hier war es, wo der in Aegypten regierende Präfect Aelius Gallus im Jahre 25 v. Chr. von seinem misslungenen Zuge nach Arabien zurückkehrte; denn Strabo (p. 782) erzählt, dass er von Egra in Arabien nach Myoshormos segelte und von da über's Land nach Koptos ging. Hier war es auch, wo ebenso nach Strabo (p. 781) die Handelswaaren von Arabien und Indien über Myoshormos[1] auf Kamelen nach der thebaischen Stadt Koptos und von da auf dem Nil nach Alexandria gebracht wurden. Und hier war es endlich, wo, nach den ägyptischen Denkmälern, die alten Nilthalbewohner schon im dritten Jahrtausende v. Chr. ihre überseeischen Waaren nach Koptos führten. Jetzt ist das alte Koptos verlassen, und an seiner Statt das etwas nördlicher gelegene Kenne getreten.

In dem Hammamat-Thale, wo diese Strasse ging, findet sich in der That auf den Felsenwänden rings herum eine grosse Menge Inschriften, die sowohl von Brüchen der Steine als von Handelsreisen Bescheid geben. Die Aegypter hatten nämlich die Gewohnheit, wenn sie sich zufälliger Weise an einem Orte aufhielten, sei es für eine längere Zeit oder nur ganz kurz, wie eine Nacht oder zwei während einer Reise, das Andenken ihres Aufenthaltes zu verewigen, indem sie in einer benachbarten

---

[1] Das von Strabo (pp. 769, 781 fl. und 815) genannte Myoshormos war, wie auch Dümichen (Geschichte des alten Aegyptens, 173 Anm.) glaubt, der sonst Leukos Limen (jetzt Kosseir) genannte Ort, der am rothen Meere unter 26° 7′ N. B. liegt, nicht das bekannte Myoshormos, das nördlicher, nach der Meinung einiger unter 27° 24′, nach anderen unter 26° 52′ N. B. lag (cf. Geographi Graeci minores, ed. Müllerus I, 167 ff. Anm.); denn es würde doch widersinnig sein, wenn die von Aden mit ihren Schiffsladungen kommenden Kaufleute, oder wenn Aelius Gallus, der von der arabischen Küstenstadt Egra, unter 24° 10′ N. B. gelegen, kam, den weiten Umweg nach jenem nördlich gelegenen Myoshormos nehmen und also an dem in ihrem Seewege liegenden Hafen Qosseir gerade vorbeischiffen sollten um nachher wieder auf der längeren Ueberlandstrasse in südlicher Richtung nach Koptos zurückzukehren. Uebrigens müssen entweder mehrere, zwei, drei, vielleicht vier, Häfen denselben Namen Myoshormos getragen haben, oder die Beschreibungen der alten Geographen ungenau oder unrichtig gewesen sein; die neueren Gelehrten wenigstens welchen in ihren Bestimmungen der Lage des alten Myoshormos weit von einander ab.

Felsenwand eine mehr oder minder ausführliche Inschrift einhauten, in welcher zuerst der Name und die Titel der betreffenden Person, zweitens, je nachdem Zeit und Gelegenheit es zuliessen, der Name und das Regierungsjahr des gleichzeitigen Königs, und endlich die übrigen Umstände und Ereignisse in der Reihe ihrer Wichtigkeit nach aufgeführt werden mussten. Wenn wir auf unseren Post- und Einkehr-Stationen die Zimmerwände mit Namen der Reisenden inscribirt finden, welche die Zeit des Wartens mit dem angenehmen Geschäfte, ihre obscüren Namen zu verewigen, ausgefüllt haben, können wir vielleicht halb im Aergerniss der kindischen Eitelkeit wegen einen muthwilligen Witz zum Besten geben. Wenn wir aber in Aegypten mehrere Jahrtausende alte Namen, die jener Eitelkeit wegen verewigt worden sind, wiederfinden, loben wir die gute alte Sitte, da wir ihr manche werthvollen Nachrichten zu danken haben.

Wir werden jetzt die Inschriften betrachten.

Die älteste Inschrift, die wir in Hammamat finden, enthält nur einige Personennamen, unter ihnen den Namen eines Beamten Ptahhotep. Die genannten Personen haben selbstverständlich da etwas zu thun gehabt, entweder um Steine hervorzuschaffen oder um Handel zu treiben. Diese Inschrift rührt von den Zeiten des Königs Assa her, der in dem 27sten Jahrhunderte v. Chr. lebte und der vorletzte König der fünften Dynastie war.[1] Die folgende Inschrift ist von einem Functionär des nachfolgenden Königs Unas. Er war Intendant unter Unas und hiess Anch; er hat übrigens nur seinen Namen und den eines Collegen inscribirt ohne sonst anzugeben, warum er dorthin gekommen sei.[2] Unas war der letzte König der fünften Dynastie. Wir kommen jetzt zu den Inschriften der sechsten Dynastie. Die erste ist unter Ati, dem ersten König dieser Dynastie und Nachfolger des Unas abgefasst worden. Hier wird nur kurz gesagt, dass ein gewisser Apa und ein Paar andere Personen nach Hammamat gekommen waren um „Arbeit zu machen", das heisst um Steine hervorzuschaffen „für die Pyra-

---

[1] Lepsius, Denkmäler II, 115, (25).
[2] Leps., Denkm. II, 115 (39).

mide des Königs Ati". Sie ist im ersten Regierungsjahre Atis datirt und giebt somit einen Beweis dafür ab, was wir übrigens aus anderen Quellen wissen, dass der Pharao gleich beim Antritt der Regierung seine Pyramide zu bauen anfing.[1]

Unter dem folgenden Könige Merira Pepi, in griechischen Quellen Phios oder Phiops genannt,[2] wurden mehrere Inschriften im Hammamat-Thale eingehauen.[3] Sie werden gewöhnlich mit den Worten: „Königliche Expedition (Botschaft) ausgeführt von", eingeleitet, wonach der Name und die Titel der betreffenden Person oder Personen angeführt werden. Die Hauptperson wird gewöhnlich „Chef aller Bauarbeiten des Königs" titulirt; er war also königlicher Baumeister, und dadurch wurde wahrscheinlich angedeutet, dass die betreffenden Inschriften während des Brechens der für die königlichen Bauwerke bestimmten Steine eingehauen wurden. Doch wurde, wie wir gleich sehen werden, bisweilen auch auf Handelsunternehmungen und Handelsreisen nach und auf dem rothen Meere hingedeutet.

In einer der Inschriften Pepis findet sich eine Legende, die von grosser Bedeutung ist, im Falle sie wirklich so, wie ich vermuthe, erklärt werden muss, und auf welche ich daher schon hier aufmerksam machen will. Sie lautet 𓃭𓄿𓃀𓄿𓄿 „diese Schakale sind Bennu-Leute, die heruntersteigen (da, wo) ich nach Hause zurückkehre". Nach 𓉐 𓄿 𓆱, 𓉐 𓄿 𓆱, 𓉐 𓄿 𓏏𓏏 𓆱 heruntersteigen (Kopt. ⲉⲉ, ⲉⲉⲓ, ⲉϩⲓ, cadere, incidere, prolabi) in der Bedeutung: von der höher liegenden Hammamat-Gegend nach dem Nilthale heruntersteigen, supplire ich 𓄿 𓈖 „auf dem Wege, wo ich nach Hause zurückkehre". Im Gegensatze zu 𓏭 𓆱 „weggehen" bedeutet 𓏏𓏏𓆱 wie bekannt „zurückkehren", hier von dem ägyptischen Beamten gesagt, der von

---

[1] Leps., Denkm. II, 115 (42).
[2] Zwar kennen die Urkunden einen König Teta, der gleichzeitig entweder mit Ati oder mit Pepi regierte, aber er wird nicht in Hammamat genannt.
[3] Leps. Denkm. II, 115 (7, 16, 24).

der Expedition nach Hammamat zu seiner Heimath im Nilthale zurückkehrt. Unsere Legende bedeutet also: Diese Schakale sind Bennu-Leute, die (von Hammamat) heruntersteigen (nach dem Nil), (auf dem Wege, wo) ich (der ägyptische Beamte) von hier zu Hause zurückkehre. Nun ist die Frage: wer waren die Bennu-Leute? Um es gleich zu sagen, waren sie, glaube ich, Phöniker. Im Griechischen bedeutet φοίν-ιξ sowohl Palme, als Wundervogel Phönix und Phöniker. Im Aegyptischen bedeutet 〖bennu〗, mit dem Vogel determinirt, Phönixvogel; 〖bnr〗, oder mit weggeworfenem Auslaut -r 〖bnau〗, Kopt. ⲃⲛⲛⲉ bedeutet Palme; bedeuten nun die hier genannten 〖bennu〗 die Phöniker, so bekommen wir für das ägyptische ben dieselben drei Bedeutungen: Palme, Phönixvogel und Phöniker wie für φοίνιξ im Griechischen, und φοιν und ben sind wohl oder können wenigstens identisch sein. Ist diese Erklärung richtig, so giebt die angeführte Legende uns die höchst werthvolle Nachricht, dass die Phöniker schon in den Zeiten der sechsten Dynastie durch das Hammamat-Thal zu dem Lande des Nils gekommen sind, natürlich um ihre Kaufmannswaaren von dem rothen Meere nach Aegypten, namentlich Koptos zu bringen. Wir werden später sehen, wie die Phöniker in jenen Zeiten nach diesen Gegenden gelangen konnten; hier mache ich nur auf das Factum aufmerksam, dass diese Inschrift existirt. Nur eine kleine Bemerkung will ich schon hier hinzufügen. Wenn ich die Bennu-Leute mit den Phönikern identificire, wird es im Streite mit einer Auffassung zu stehen scheinen, die ich später geltend zu machen denke, dass nämlich das in den ägyptischen Inschriften so häufig genannte Land 〖Pun-t〗, welches, wie wir sehen werden, auf beiden Seiten der Bab-el-Mandel-Strasse gelegen war, das älteste phönikische oder punische Heimathland war, von dem die Phöniker ursprünglich gekommen sind und woher sie ihren Namen erhalten haben. Wie aber der lateinische Name Poeni, Punici und der griechische Φοίνικες wohl ursprünglich derselbe ist, so können die ägyptischen Ben-nu und Pun sehr gut und noch leichter identisch gewesen sein, da sie wahrscheinlich nur dialectisch verschieden sind. Die Aegypter schrieben den Namen Pun mit der hieroglyphischen Gruppe ▢ 🐌 ○ eine Schreibweise, in der vielleicht die Volksetymologie sich geltend gemacht hat; denn ▢ fasse ich als den masculinen Artikel auf, und 🐌 un bedeutet entweder sein oder, mit ⎯⎯ als Determinativ, öffnen, Oeffnung, Thor, Pforte. Nehmen wir die letzte Bedeutung an, indem wir supponiren, dass ⎯⎯ des folgenden ∾∾ wegen weggeworfen ist, so bekommen wir für ▢ 🐌 ○ pun-t die Bedeutung Land der Pforte, die für das Land auf den beiden Seiten der Bab-el-Mandeb-Strasse sehr gut passt. Es ist derselbe Gedanke, den die Araber in ihrem Namen ausgesprochen haben, da Bab im Arabischen Pforte bedeutet. Vielleicht wird man doch gegen diese Auffassung einwenden, dass in der Zeit, da die Form ▢ 🐌 ○ zum ersten Male auftrat, so viel wir wissen doch nicht früher als in der elften Dynastie, der masculine Artikel noch nicht im Gebrauche gewesen wäre. Allein, obwohl er zwar nicht in den ältesten Inschriften vorkommt, ist es doch noch nicht ins Reine gebracht worden, wann er zuerst aufzutreten begann, so dass von diesem Umstande kein Beweis pro oder contra zu nehmen ist. Auffallender kann das ○ t scheinen, das dem Namen zugefügt ist. Es kann nicht zu der Wurzel gehören, muss also der feminale Artikel sein; aber die Zufügung des weiblichen Artikels nach einem Worte, das durch den vorangesetzten Artikel als männlich bezeichnet worden ist, muss sehr auffallen. Indessen finden sich mehrere Beispiele solcher grammatischen Bizarrereien; ich brauche in dieser Beziehung nur auf Erman, Die Pluralbildung des Aegyptischen, S. 13 § 13 zu verweisen. Hier war die t-Endung um so mehr nothwendig, als sie gewöhnlich nach den Ländernamen gesetzt wurde.

Doch wir kehren zu den Inschriften im Hammamat-Thale zurück. Aus der Zeit des Königs Pepi finden sich, wie gesagt, mehrere. Auch unter seinem Nachfolger Merenra wurde das Hammamat-Thal besucht; wenigstens haben wir eine Inschrift von seiner Zeit; sie enthält doch nicht mehr als den Namen und die Titel des Königs.[1] Unter der Regierung fünf auf einander folgender Könige, der zwei letzten der fünften Dynastie und der drei ersten der sechsten, haben also verschiedene Personen ihre Namen in die Felsenwände des Hammamat-Thales eingehauen. Aus der Regierungszeit Noferkaras, des Bruders Merenras ist keine Inschrift gefunden; er regierte wohl einige Jahre gleichzeitig mit seinem älteren Bruder, aber gewiss nur eine kurze Zeit allein. Der darauf folgende König Pepi II ist auch nicht hier genannt; er regierte zwar nach Manetho 95 Jahre,[2] aber er war ein schwacher König, unter dem eine rivalisirende Dynastie, die zehnte, die Macht in einem grösseren Theile des Landes an sich riss. Dagegen begegnen wir in Hammamat einem Könige mit Namen Imhotep, der in diese Zeit gesetzt werden muss und wahrscheinlich anstatt des Königs Pepi II und in seinen alten Tagen regierte. Eine Inschrift lautet nämlich so:[3] „Eine Expedition gemacht von dem ältesten Sohne des Königs, dem priesterlichen Kanzler, dem General, Tati Kanofer genannt, der an der Spitze seiner Krieger am Tage des Kampfes geht, der den Marsch am Tage des Angriffes[4] ordnet, der klug im Rathe ist und sich unter vielen auszeichnet;[5] er führt die Bauarbeiten des Königs Imhotep aus. Für Pharao führe ich 100 Bergarbeiter, 200 Steinhauer (?) und 50 Minirer. S. Maj. schickte

---

[1] Leps. Denkm. II, 115 (13).
[2] Wenn Brugsch, Geschichte Aegyptens, Leipzig 1877, S. 99, den 95 Jahre regierenden Phiops mit Pepi I identificirt, so ist es ganz gewiss unrichtig; ich habe die Gründe in meinem Buche Recherches sur la chronologie égyptienne, S. 37 fl. gegeben.
[3] Leps. Denkm. II, 115 (50).
[4] 𓊪𓏤𓆱 couper, trancher, diviser, wahrscheinlich mit 𓊪𓏤 verwandt.
[5] 𓈖𓏏𓏤 distinguer.

Officiere in grosser Anzahl ab um diese Arbeit in Uebereinstimmung mit der Vorschrift[1] des Planes[2] auszuführen."

Bisher haben wir also hier im Hammamat-Thale eine beinahe ununterbrochene Reihe Inschriften bis gegen das Ende der sechsten Dynastie gehabt. Mit dieser Dynastie hörte das Uebergewicht der memphitischen Könige auf. Unter den folgenden gleichzeitigen und rivalisirenden Dynastien fanden innere Kriege und Verwirrung in Aegypten Statt, bis dass die elfte Dynastie nach einem Verlauf von nicht ganz 100 Jahren von Theben aus ihre Ueberlegenheit zu behaupten vermochte. Und jetzt fangen die Inschriften im Hammamat-Thale wieder an. Unter Ra-neb-taui Mentuhotep, dem drittletzten Könige der elften Dynastie, wurden hier mehrere Inschriften, theils im Namen des Königs theils in dem seiner Diener eingehauen. Eine derselben lautet so:

„Der König Ober- und Unterägyptens Ra-neb-taui, der immer lebende, von der königlichen Mutter Atima, den 23sten Paophi, schlägt durch Arbeit aus diesem Felsen einen Steinblock um den Sarkophag zu machen, ein neues Wunder gemacht von Hu, dem Steinhauer.[3] Das Schauen der Thaten dieses Gottes (Chem). Er hat den Menschen gegeben das Land in einen See zu verwandeln; das Wasser springt von dem dürren rothen Felsen hervor; ein jeder Brunnen in dem Felsenthale, zehn Ellen gross auf jeder Seite, ist von Wasser voll für die Aecker und zur Reinigung und zum Trinken für die Thiere, ein grosses Wunder in Gebirgswüsten. Die Soldaten der alten Könige, die früher waren, sind hinaufgestiegen und herabgestiegen in dieser Localität, aber nicht haben sie solche That gesehen, nicht haben die Menschen sich dort verneigt. S. Maj. hat es selbst gethan; siehe nun, er hat das Land erobert; er weiss, was für diese Zeit sich ziemt; er wünscht zu realisiren, was diesmal nützlich ist,

---

[1] Siehe Brugschs Wörterbuch, Supplement unter

[2] anstatt

[3] , das hier ohne Determinativ ist, steht vielleicht anstatt frapper, battre, in der substantiven Bedeutung Steinhauer.

so dass der Gott Chem die Kenntnisse und die guten Thaten Seiner Majestät sehen möge; er hat Gaben über seine Länder für seinen Sohn, den immer lebenden Ra-neb-taui gegeben. Sie haben dies gehört, die in Unterägypten und die in Oberägypten, im Süden und im Norden; sie verneigen sich bis zur Erde, indem sie die Herrlichkeiten Seiner Majestät immerdar und ewiglich preisen."[1]

Mehrere ähnliche Inschriften aus den Zeiten desselben Königs finden sich ebendaselbst; sie sprechen vom Brechen der Steine zu dem Steinsarge Pharaos und vom Brunnengraben um Wasser hervorzuschaffen. Nur die eine derselben will ich mittheilen, weil sie etwas neues enthält, was hier von besonderer Wichtigkeit ist. Obenan steht der Name des Königs Ra-neb-taui als Datum der Inschrift; diese selbst lautet folgendermassen:

„General der Infanterie in den Gebirgsländern, Hofmeister in Aegypten, Chef der Brunnengräber Sanch spricht: „Ich war Infanterie-General des ganzen Landes im dem Gebirgsdistricte mit allerlei Waffen ( ) versehen. Chef der Arbeiten mit allen frischen Gewächsen des Südens mache ich seine Gebirgsthäler in dem hohen Gebirgspasse[2] zu Seen und den Felsen zu Wasser, das ganze Land mit Jugend versehen, von Menat-Chufu (Minieh) bis zum Thaāu.[3] Ich bin zum rothen Meere gekommen, ich habe die Vögel, ich habe die Vierfüssler gejagt. Als eine Person in Jugendjahren[4] bin ich nach diesem Gebirgslande gegangen, stark als siebzig Jünglinge in einer Person. Ich habe Alles, was recht ist, für den immer lebenden Ra-neb-taui gethan."[5]

---

[1] Lepsius, Denkmäler II, 149, f.

[2] in seiner hohen Passage.

[3] Maspéro glaubt, dass Thaāu identisch mit Kosseir oder Leukos Limen sei. (De quelques navigations des Égyptiens 3, Anm. 2).

[4] . Ist diese Erklärung richtig (sie stimmt übrigens mit der Auffassung Maspéros, siehe seine Monuments égyptiens de Hammamât in Revue orientale et américaine für 1877, 341), so haben wir hier einen Beweis für den Gebrauch des masculinen Artikels schon in den Zeiten der elften Dynastie. Siehe die oben (S. 16) gegebene Erklärung des Namens Pun.

[5] Lepsius, Denkmäler, II, 149, g.

Das, was diese Inschrift besonders interessant macht, ist, dass sie, insofern wir sie richtig erklärt haben, uns davon Nachricht giebt, dass Sanch durch das Hammamat-Thal nach dem rothen Meere, namentlich nach Leukos-Limen gekommen ist, und zwar wie es scheint, nicht bloss einmal, sondern öfters; ja mehrere Ausdrücke der Inschrift geben zu der Vermuthung Anlass, dass Sanch hier stationirt war theils um die Strasse zwischen Koptos und dem rothen Meere offen zu halten und den Waarentransport in diesen Gegenden zu beschützen, theils und vorzüglich um durch Ausgrabung neuer und durch Ausbesserung alter Brunnen für den Wasserbedarf zu sorgen.

Die Inschriften, welche wir bisher behandelt haben, erzählen wie wir gesehen haben:

1. Von Brechen und Behauen vorzügliches, zu Sarkophagen und anderen Monumenten dienliches Gesteins.
2. Von Ausgrabung und Ausbesserung der Brunnen um die arbeitende Bevölkerung und die Reisenden mit nöthigem Wasser zu versehen.
3. Von Reisen zwischen Koptos und dem rothen Meere, namentlich Leukos Limen oder Myoshormos, wahrscheinlich des Handels wegen gemacht.

Ich gehe jetzt zu den Inschriften über, die ausschliesslich von dem Handel zwischen Aegypten und dem Lande Pun handeln.

Die älteste dieser Inschriften ist vom dritten Pachon des achten Jahres der Regierung des Königs Sanch-ka-ra, des letzten Königs der elften Dynastie, die bis 2278 v. Chr. regierte, und lautet wie folgt: „Ein wahrer Diener, der Platz im Herzen des Königs hat und allen Preis ihm macht jeden Tag, der königliche Kanzler, Chef der seienden und nichtseienden (d. h. aller möglichen) Dinge, Chef der Tempel, Chef der Pyramide und des Schatzhauses, Chef der wahren Nachrichten (⌒ | ⌒), Chef der sechs grossen Häuser u. s. w.[1] Hannu. Er sagt: „Ich wurde geschickt, um die Schiffe nach dem Lande Pun zu führen,[2] um

---

[1] Ich übergehe hier fünf Zeilen der Inschrift, die nur die Titel und Verdienste Hannus aufzählen.

[2] —⊶ ⌐ ⌒ muss ⊼ ⌐ ∧ sein.

Pharao wohlriechende Spezereien zu bringen, welche die Fürsten des rothen Landes sammeln, der Furcht wegen, die er allen Völkern einflösst. Siehe, ich ging von der Stadt Koptos auf der Strasse des Gebirges[1] aus. Seine Majestät befahl bewaffnete Männer mit mir von dem Südlande der Thebais und von drei anderen Localitäten. Ich[2] liess (sie) im Voraus gehen um die Feinde für den König zu schlagen,[3] diese Söhne der fremden Völker. Ich setzte den Gliedern (der Armee, d. h. den Corps) die Häupter (Generale), vor, die Seine Majestät unter mich[4] gestellt hat Sie handelten nach dem Gebote der Götter (〰 𓎛 𓆱 𓏤) in Uebereinstimmung (𓂝 𓏤, gleich machen, in Uebereinstimmung handeln) mit meinen (des einzigen, d. h. des Oberbefehlshabers) Befehlen, und Millionen Leute gehorchten ihm (anstatt mir). Ich marschirte mit drei Tausenden Soldaten ab und machte meinen Weg[5] durch die Districte Aatt-Toscher und Aat-Sechet, und ich gab Schläuche und Holztragen für die Wasserkrüge und zwanzig Brote für jeglichen jeden Tag, eine Last für die müden Füsse. Danach liess ich einen Brunnen von zwölf Ellen in einem Gehölz graben und zwei Brunnen an einem Orte Namens Atahet, den einen von zwanzig Ellen, den anderen von dreissig; ich machte einen anderen in Aahateb, zehn Ellen nach jeder Seite, auf dass der Brunnen Wasser eine Elle tief halten konnte. Siehe, ich drang zum rothen Meere[6]

---

[1] 𓊪 𓏏 (𓈎𓏏) 〰.

[2] 𓊪 ⸗ (𓁶) mein eigener Kopf, eine auch im Koptischen gewöhnliche Umschreibung für: ich selbst, ich.

[3] 𓊪 𓊖 𓂝 𓀀 𓊪 𓏏 𓄿 | also keine Lacune im Texte, nur ein Fehler im Steine, der die bequeme Einhauung der Inschrift nicht gestattete.

[4] 𓉐 𓊪 𓂝 𓊪 unter den Platz meines Kopfes, eine Umschreibung wie oben.

[5] 𓂀 𓃀 𓈖 𓏏 𓁷 〰 𓃀 𓂝 〰 𓁷

[6] Ich nehme hier und in der folgenden Zeile einen Fehler in der Inschrift an und lese. | 𓆑 𓏏 cf. Leps. Denkm. II, 149, g. 6 anstatt | 𓆑 𓏏, eine Gruppe, die sonst nicht bekannt ist.

hervor, und ich liess Lastschiffe bauen um auf ihnen Erzeugnisse aller Art zu führen. Und ich machte ein grosses Opfer an Ochsen, Kühen und Ziegen. Und als ich vom rothen Meere zurückkehrte, machte ich nach dem Befehle des Königs; ich brachte ihm Erzeugnisse aller Art, welche ich auf den Küsten des heiligen Landes vorgefunden hatte. Und ich stieg auf der Strasse von Uak und Rohan (Localitäten im Hammamat-Thale) nieder und führte zu ihm (dem Könige) kostbares Gestein zu den Bildsäulen des Tempels. Gleiches ist nimmer geschehen, seitdem es Könige gaben, und desgleichen wurde nimmer von einem Blutsverwandten des Königs gethan, der nach diesem Orte geschickt war, seit der Herrschaft des Sonnengottes Ra. Und dies alles machte ich für Seine Majestät der grossen Huld wegen, die er mir bewies." [1]

Wir haben hier den officiellen Bericht einer Expedition welche der König Sanch-ka-ra cr. 2300 v. Chr. nach dem Lande Pun und dem heiligen Lande abgehen liess um von dort Waaren nach Aegypten zu bringen. Von der Stadt Koptos anfangend ging die Reise durch das Hammamat-Thal nach Kosseir am rothen Meere; von da segelte man auf grossen Meerschiffen nach Pun, wo die Erzeugnisse des Landes eingeladen wurden, nahm dann den Weg nach Kosseir nordwärts längs der arabischen Küste, „der Küste des heiligen Landes", und kam auf der Karavanenstrasse nach Koptos zurück. Hier ist also die Route genau bestimmt, auf der die überseeischen Waaren vom Süden nach Aegypten schon um 2300 v. Chr. gebracht wurden.

Dies sind die Inschriften der elften Dynastie, die auf den überseeischen Handel Aegyptens und auf die Handelsstrasse zwischen dem Nilthale und dem rothen Meere Bezug haben.

Auch von der zwölften Dynastie finden wir Inschriften, die von den Expeditionen nach Pun handeln. Von diesen erwähnt eine, nach Brugsch,[2] die Rückkehr einer Expedition von dem Lande Pun unter Usertesen III. Die Inschrift besagt, dass der

---

[1] Leps. Denkm. II, 150, a.
[2] Abhandlungen und Vorträge des fünften internationalen Orientalisten-Congresses I, Africanische Section, 55.

Führer dieser Expedition dem Gotte Chem von Koptos dankt und preist „nach seiner glücklichen Rückkehr aus dem Lande Pun in Begleitung seiner Krieger, die bewahrt und gesund geblieben waren, während seine Flotte in der Gegend Sauu gelandet war." Brugsch, dessen Uebersetzung ich angeführt habe, fügt hinzu: „Sauu ist demnach der älteste Name eines in der Nähe von Myos-Hormos gelegenen Hafenplatzes." Warum nicht Myoshormos selbst? Sauu kann recht wohl eine Localität, z. B. ein Hafen in Myoshormos, gewesen sein.

In die Zeit der zwölften Dynastie gehört ebenfalls ein Märchen, das von einer Seereise nach dem Lande Pun handelt.[1] Die Erzählung, in die Form des Märchens gekleidet, ist natürlicherweise abenteuerlich, aber es liegt doch gewiss etwas Wirkliches, Geschichtliches zu Grunde. Wenigstens giebt sie einen unzweideutigen Beweis dafür ab, dass die Aegypter der zwölften Dynastie von dem Lande Pun und von Seeexpeditionen dorthin wussten und erzählten.

Von der Zeit der fünf folgenden Dynastien, der 13ten—17ten, d. h. von der Hyksos-Periode, sind noch keine Inschriften gefunden, die Bezug auf den Handel haben. Nicht, dass die Aegypter damals keinen Gebrauch von den überseeischen Waaren machen konnten, denn der Weihrauch z. B. war da wie sonst immer für den Gottesdienst ganz und gar nothwendig; allein in dieser Periode der Verwirrung und innerer Kriege hatten sie wahrscheinlich keine Zeit selbst dafür zu sorgen und mussten den fremden Kaufleuten, näher bestimmt den Pun-Phönikern, das Geschäft ganz überlassen. Nachdem sie aber mit der achtzehnten Dynastie wieder zur Macht gelangt waren, nahmen sie auch wieder den activen Handel auf. Und eben dieser Zeit gehören die Inschriften an, welche die besten und vollständigsten Nachrichten von diesem Gegenstand geben.

In dem westlichen Theile Thebens, in der Nähe der Königsgräber finden sich die Ruinen eines Tempels, der nach einem später daselbst aufgeführten Kloster jetzt unter dem Namen Der-

---

[1] Goléniseheff, Sur un conte égyptien.

el-bahri geht. Dieser Tempel wurde von der mannhaftigen und herrschsüchtigen Königin Makara Hatasu (oder Haschop) erbaut, die cr. 1400 v. Chr. mit Hintansetzung ihres jüngeren Bruders, des nachher so berühmten Thotmes III, kräftig und machtvoll regierte. Er ist in drei Terrassen nach einer eigenthümlichen Construction gebaut, indem er offenbar nicht nur als Tempel, sondern auch als Denkmal der Königin-Regentin dienen sollte. Auf den Wänden finden sich Darstellungen in Bild und Schrift, die hübsch ausgeführt eine klare Anschauung und einen ziemlich vollständigen Bericht einer Expedition geben, welche die Königin Hatasu nach dem Lande Pun abgehen liess um von dort die kostbaren Producte, auf welche die Aegypter Werth setzten, abzuholen. Die Begebenheit ist in mehreren Bildern mit beigefügtem Texte dargestellt. Wir werden hier jedes Bild einzeln betrachten.

Erstes Bild. Wir sehen hier[1] fünf Schiffe, von denen drei unter Segel und zwei mit heruntergenommenen Segeln, in Begriff zu landen. Jedes Schiff ist mit einem Hauptmast und einem Grosssegel, dreissig Ruderern, einem Steuermanne am Ruder hinten, einem Lotsen vorne, der dem Steuermanne Zeichen hinsichtlich des Curses geben sollte, mit einem Reis, der die Ruderknechte in Athem hielt, und einigen in der untersten Rah placierten Matrosen versehen. Der Vordersteven endigt in eine gerade aufrechtstehende Spitze, der Hintersteven, der höher über dem Wasser hervorragt, biegt sich in einer Rundung über das Schiff hinein und endigt in eine entfaltete Lotusblume. Obenan auf dem Verdecke finden sich mehrere Verschläge und Kajüten. Der Rumpf und der Mast der Schiffe sind mit armdickem Tauwerke gesorrt und festgemacht. Im Vergleiche mit den elegant ausgestatteten, mit hübschen Gallionsfiguren versehenen Nilschiffen ist Alles hier auf Stärke berechnet, was auch für Schiffe nöthig war, die zur Fahrt auf dem rothen Meere bestimmt waren, wo, wie bekannt, eins der gefährlichsten Fahrwasser der Welt ist. Die Schiffe waren natürlich zu gross und tiefgehend um ans Ufer

---

[1] Aug. Mariette-Bey, Deir-el-bahari, Pl. 6, unterste Reihe.

gehen zu können. Ein Boot, von den Aegyptern mitgeführt, wurde ausgesetzt, ans Land gerudert und an einen Baum am Strande festgebunden; es ist von Krügen voll, wahrscheinlich weil die Aegypter sich allererst frisches Trinkwasser von dem Ufer schaffen mussten. An der einen Seite des Bildes steht folgende Inschrift zu lesen:

„Schiffahrt auf dem grossen Meere (hier: dem rothen Meere), Anfang der glücklichen Reise nach dem heiligen Lande, Landung in Frieden im Lande Pun von den Soldaten des ägyptischen Herrschers, nach der Anordnung des Königs der Götter Amon-ra in Theben, um alle Kostbarkeiten dieses Landes zu ihm zu führen seiner grossen Liebe wegen, mit welcher er Pharao, die ägyptische Herrscherin Makara[1] umfasst. Aehnliches ist niemals geschehen, seitdem Könige in Aegypten herrschten."

Wie wir sehen, handelt diese Inschrift von der Ankunft der Expedition nach Pun. Da dies der erste Bericht von der Expedition ist, der uns überliefert ist, so erhalten wir also hier keinen Bescheid von der Abfahrt der Schiffe von dem ägyptischen Hafen am rothen Meere oder von dem Abgang der Expedition von dem Nilthale. Daran können wir doch wohl keinen Zweifel hegen, dass ja der Zug, von Koptos ausgegangen, die gewöhnliche Fahrstrasse durch das Hammamatthal nach dem Hafen Kosseir genommen hat, von wo die Seereise ihren Anfang nahm.

Zweites Bild. Dies zeigt[2] uns die Zusammenkunft des Führers der ägyptischen Expedition mit dem Fürsten des Landes Pun. Der Führer in civiler Tracht mit einem Stab in der Hand, von einer von acht mit Speeren, Aexten und Schilden bewaffneten Soldaten und einem Officiere bestehenden Wache begleitet, tritt hervor. Vor ihm liegen die Gaben, die er mitgebracht hatte, aufgehäuft: Schmucksachen, wie Perlenschnüre und verschiedene Arten von Ringen, weiter Waffen, wie eine Axt

---

[1] Der Name der Königin Makara ist ausgekratzt und der des Ramses II an seiner Statt eingeschrieben; es kann aber kein Zweifel sein, dass die Königin Hatasu Makara hier ursprünglich genannt worden ist.
[2] Mariette, Deir-el-bahari, Pl. 5.

und ein Dolch. Diese Darstellung ist von folgender Inschrift begleitet:

„Angekommen ist der königliche Sendbote nach dem heiligen Lande mit den Soldaten, welche in seinem Gefolge sind, Angesichts der Fürsten des Landes Pun, alle köstlichen Gaben von Pharao, mit Leben, Heil, Kraft, zu Hathor, der Herrin von Pun, deren lebendes Bild die (ägyptische) Königin ist, mit sich bringend."

Dem Sendboten gegenüber und ihm zugekehrt stehen in bittender Stellung und mit gehobenen Händen der „Fürst von Pun Parohu", „seine Gemahlin Ati", „seine zwei Söhne", „seine Tochter", „der Esel, der seine Gemahlin getragen hat", und drei Männer. Hinter ihnen sieht man zwei Pfahlbauten, wahrscheinlich ihre Wohnungen, die grossen Bienenkörben ähnlich sind; sie ruhen auf Pfählen mit einer Oeffnung hoch obenan, zu der eine Leiter von der Erde aufgerichtet ist, auf welcher die Bewohner hineinsteigen konnten. An der Seite der Häuser stehen Bäume, in deren Aesten Vögel sitzen und unter deren Schatten Rinder ruhen, unzweifelhaft ein Zeichen ländlicher Ruhe und fetter Fruchtbarkeit. Die Männer sind wohlgebildet und den Aegyptern sowohl in Tracht als in körperlichem Aussehen ähnlich, die Weiber dagegen, besonders die Gemahlin des Fürsten unförmlich dick und fett.[1] Die beigefügte Inschrift lautet:

---

[1] Wir finden merkwürdig genug noch heut zu Tage ähnliche Pfahlbauten und ähnliche unförmlich dicke und fette Weiber in den oberen Nilgegenden. Der deutsche Reisende G. Schweinfurth, der in einem interessanten Werke, Im Herzen von Afrika, seine Reisen und Entdeckungen im centralen Aequatorial-Afrika zwischen 15⁰ und 3⁰ N. B. während der Jahre 1868 bis 1871 beschreibt, besuchte die oberen Quellflüsse des Nils, wo mehrere Negervölker, wie die Schilluk, Dinka, Bongo, die menschenfressenden Niamniam, das Zwergvolk der Akka u. s. w. wohnen. Er spricht von den dortigen Pfahlbauten, die sowohl seiner Beschreibung als den beigefügten Bildern nach (siehe sein Werk I, 417; II, 22 u. 480) mit den punischen Pfahlbauten Aehnlichkeit haben, und I, 418 fügt er hinzu: „Derartige Pfahlbauten, welche in ihrem Plane mannichfachen Abänderungen unterliegen können, sind den früheren Waffenplätzen der Eingeborenen, als diese noch Herren des Landes waren, nachgeahmt und dienen hauptsächlich dazu, gegen feindliche Angriffe einen sichern Zufluchtsort zu gewähren." Und von den dicken Bongoweibern sagt er (I, 323 fl.): „Alle völlig ausgewachsenen Weiber dieses Volks erreichen einen so hohen Grad von Wohlbeleibtheit und tragen so erstaunliche Fleischmassen mit sich herum, dass man, auf die zwar untersetzten, aber mehr ner-

„Die Fürsten des Landes Pun sind angekommen, indem sie sich, um diese Krieger der Königin zu empfangen, zum Gruss verneigen. Sie loben und preisen den Herrn der Götter Amon-ra und die Gesammtheit der Götter. Sie sagen, indem sie um Frieden bitten: Nähert Ihr euch auf diesem vorgeschriebenen Wege[1] dem Lande, das den Aegyptern unbekannt war? Seid Ihr vielleicht auf dem hohen Wege des Himmels gekommen?[2] Oder segelt Ihr auf der See, über das grosse Meer des heiligen Landes, wo die Sonne für euch wandert? Siehe, die Königin Aegyptens, nicht ist der Weg für Ihre Majestät verschlossen; wir leben von dem Athem, den sie uns schenkt." Beiläufig kann bemerkt werden, dass unter den Seethieren, die hier dargestellt sind, sich auch die Schildkröte findet.

In der nächsten Reihe oben sehen wir dieselben Hauptper-

---

vig-dürren Gestalten ihrer Männer blickend, nicht genug über den grossen Contrast staunen muss, welcher sich in dieser Hinsicht zwischen Geschlechtern bemerkbar macht. Schon die Schenkel besitzen nicht selten die Stärke des Brustumfanges schlanker Männer, und die Hüftenpartie ist in einer Weise aufgetrieben, dass man sofort aufs lebhafteste an die berühmte Figur des Cuvier'schen Atlas erinnert wird, durch welche die „Hottentotten-Venus" classisch geworden ist. Solche Formen nun, wie sie bisher nur als ein Privilegium der Hottentottenrasse betrachtet wurden, bildeten im Bongolande eine mir tagtäglich in reichem Masse dargebotene Erscheinung. Jener imposante Körpertheil, für dessen hypertrophe Entwickelung der technische Ausdruck „Steatopyga" ersonnen wurde, sticht bei den Bongofrauen so gewaltig von der normal gebildeten, schon an und für sich üppigen Brust ab, dass namentlich in gewissen Attituden, wie beim Tragen grosser Wasserkrüge auf dem Kopfe, ihre Körpercontour die Gestalt eines abwechselnd gedrehten S anzunehmen pflegt. Dazu trägt der lange Bastschweif das Seinige bei, und die Silhouette eines gravitätisch einherschreitenden fetten Bongoweibes erinnert in hohem Grade an die Gestalt eines tanzenden Pavians. Ich halte dafür, dass Weiber, deren Körpergewicht drei Centner beträgt, unter den Bongo durchaus nicht zu den Seltenheiten gehören." Dies sind die Worte unseres Verfassers, und II, 130 seines Werkes giebt er die Abbildung eines lächerlich fetten Bongoweibes, die recht gut als das Konterfei der dicken Königin von Pun dienen könnte.

[1] 𓊪 𓏏𓏥 𓂋 𓈖 𓇌 𓂋 𓊪 ; was das letzte Wort betrifft, siehe Brugschs Abhandlung in der Zeitschrift f. äg. Spr. u. Alt. für 1880, S. 1—15.

[2] 𓇋 𓈖 𓇋 𓂋 𓈖 𓏤 𓈖 𓇋 𓏏 𓊪 𓏏𓏥 𓊪 𓂝 𓂋 ; was betrifft, siehe Erman, Neuägyptische Grammatik, § 356.

sonen einander gegenüber gestellt, auf der einen Seite den ägyptischen Sendboten, hier aber allein ohne Militärwache, auf der andern den Fürsten Puns mit seiner Gemahlin, von Männern und Eseln mit Gaben beladen gefolgt; vor dem Fürsten Puns sind andere Gaben aufgehäuft, wie goldene Ringe und ein grosser Haufe von Weihrauch, welche Sachen wiederum dem Sendboten geschenkt werden sollten. Auf der Seite der Puner steht diese Inschrift: „Der Fürst von Pun kommt, seine Spenden von beiden Seiten des Meeres dem königlichen Sendboten bringend." Auf der Seite der Aegypter liest man: „Der königliche Sendbote empfängt die Spenden des Fürsten von Pun." Hinter dem Sendboten ist ein Zelt errichtet, wo folgende Inschrift sich findet: „Fertig ist das Zelt für den königlichen Sendboten und seine Krieger auf den Terrassen des Antiweihrauches im Lande Pun, das auf beiden Seiten des Meeres liegt,[1] so dass er in Uebereinstimmung mit dem Befehle Ihrer Majestät die Fürsten dieses Landes empfangen und ihnen Brot, Bier, Wein, Fleisch, Tekrfrüchte und alle Dinge, die in Aegypten sind, schenken kann."

Drittes Bild. Dies stellt[2] eine Landschaft in Pun dar. Die Flora zeigt deutlich an, dass wir uns noch auf dem punischen Boden befinden. Wir sehen die Leute lebende Bäume, in grossen runden Kübeln gepflanzt, tragen; der Zweck davon ist in der beigefügten Inschrift angegeben:

„Transport in Kübeln[3] von Anti-Sykomoren des heiligen Landes nach dem Amon-Tempel, welche Sykomoren[4] für die

---

[1] cf. Dümichen, Geschichte des alten Aegyptens, S. 120.

[2] Mariette, Deir-el-bahari, Pl. 5, die zwei oberen Reihen.

[3] hnā nen, mit Vasen; das letzte Wort ist wohl eine Vase, cf. oder , vas quoddam in Papyrus Ebers.

[4] seiend, welche sind für; das relative Pronomen anstatt , wie das persönliche Pronomen für und der bestimmte Artikel anstatt .

Königin Makara in ihrem heiligen Hause sein sollen, nach (ihrem) Befehle." Sie waren also bestimmt nach Aegypten geführt zu werden um da wieder gepflanzt und acclimatisirt zu werden; wir werden auch später sehen, dass sie an Bord getragen wurden, mit zu der Ladung der absegelnden Schiffe gehörten, und dass sie in Theben mit den übrigen Waaren von Pun vorgeführt wurden. Wir haben also hier wohl den ältesten Versuch der Acclimatisirung, den die Geschichte kennt.

Viertes Bild. Zwei der ägyptischen Schiffe[1] sind unter Einladung; die drei übrigen sind schon fertig geladen und unter Segel den Curs wieder nach Hause setzend. Die zwei erstgenannten Schiffe liegen dem Lande so nahe, dass man mittelst langer Landungsbretter an Bord gehen kann. Man sieht, dass die Leute die früher genannten frischen Bäume in ihren Kübeln so wie auch Säcke, Krüge und Gefässe natürlich von verschiedenem Inhalt an Bord tragen. Von denselben Gegenständen finden sich auch grosse Mengen schon auf dem Verdecke aufgehäuft, wo man ebenfalls Affen herumspazieren sieht. Eine Inschrift daneben lautet: „Beladen werden die Lastschiffe in grosser Menge mit den herrlichen Erzeugnissen des Landes Pun und allen schönen Hölzern des heiligen Landes, mit Haufen von Anti-Gummi, mit frischen Anti-Sykomoren, mit Ebenholz und reinem Elfenbein, mit frischem Golde vom Lande Amu, mit Ta-as-Holz und Chesit-Holz, mit Ahem-Metall, heiligem Harze und Augenschmincke, mit Anau-Affen und Kefu-Affen und Windspielen, mit Leopardenfellen vom Süden und mit Einwohnern des Landes sammt ihren Kindern. Niemals wurde Aehnliches gebracht zu irgend einem Könige Aegyptens, seitdem die Welt besteht."

Drei Schiffe sind, wie gesagt, schon unter Segel und auf der Rückreise nach Hause. Sie sind fertig geladen, und das Verdeck ist von den früher genannten Gegenständen: frischen Bäumen, Säcken, Krügen, Gefässen u. s. w. voll. Die beigefügte Inschrift lautet:

„Die Schiffe segeln und kehren in Frieden nach Hause. Die

---

[1] Mariette, Deir-el-bahari, Pl. 6, das mittlere Bild.

Krieger Pharaos landen in Theben in Herzensfreude; die Fürsten sind mit ihnen aus diesem Lande. Sie bringen, was niemals ähnliches zu einem andern Könige Aegyptens von den Wundern des Landes Pun gebracht wurde, in Uebereinstimmung mit dem hohen Willen des grossen Gottes Amon-ra, des Herrn der beider Welten Thronen."

Fünftes Bild. Wir sind jetzt[1] in Aegypten, in der Hauptstadt Theben. Vor der Königin Makara liegen die Fürsten Puns und Aethiopiens auf ihren Knieen, mit erhobenen Armen um Gnade bittend. Hinter ihnen stehen in langen Reihen ihre Leute, welche die mitgebrachten Spenden vorführen: grosse Schüsseln, Säcke, Krüge, Affen, frische Bäume in Kübeln, Ebenholz, einen Leoparden u. s. w. Die vorn und zwischen den Figuren zugefügte Inschrift ist zwar lückenhaft, aber man kann doch etwa Folgendes herauslesen.

„Die Fürsten des Landes Pun und die Fürsten Nubiens, Chenthonnofers und aller Länder werfen sich zur Erde vor der Königin Makara und bringen ihre Huldigung dar, indem sie gesenkten Kopfes ihre Gaben an die Stelle tragen, wo Ihre Majestät sich befindet ... auf dem Wege, den niemand betreten hat. Alle Völker sind Ihrer Majestät unterworfen, verpflichtet zum Tribut jedes Jahr dem Amon-ra, dem Herrn Thebens.[2] Ihr Vater Amon hat alle Völker unter ihre Sandalen gelegt. Die Fürsten Puns sagen, indem sie Ihre Majestät um Frieden bitten: Sei gegrüsst, du Herrin Aegyptens, Sonne, die du strahlst der Sonnenscheibe gleich." In der oberen Reihe liest man „die Könige der Blemyer".[3] Hier finden wir, was wohl zu bemerken ist, zwei Expeditionen genannt und getrennt; sie sind durch die Fürsten Puns und durch die Fürsten Inner-Afrikas, repräsentirt. Das folgende Bild spricht dies deutlicher aus.

---

[1] Mariette, Deir-el-bahari, Pl. 6, obere Reihe.

[2] ut, ligare, envelopper, entourer de bandelettes, verpflichten, mit zugefügter Participialendung ꝫu.

[3] Brugsch, Die altägyptische Völkertafel, 47.

Sechstes Bild. Die Königin Makara,[1] als Mann in vollem königlichen Pomp,[2] ist bei dem Empfang der heimgebrachten Producte, die in schönen und deutlichen Abbildungen dargestellt sind, persönlich anwesend. Bei den einzelnen Bildern sind die Namen und die Anzahl der dargestellten Gegenstände in hieroglyphischer Schrift beigefügt; doch finden sich hin und wieder Lücken, weil Stücke von der Wand abgefallen sind. Hier sieht man: eine Giraffe, drei Leoparden mit der Inschrift: „lebende Leoparden vom Süden, Ihrer Majestät vorgeführt," einige Ringe von Asem-Gold, einen Elephanten, ein Pferd, mehrere grosse Kästen mit Asem-Gold gefüllt, Ebenholzblöcke, Eier (wahrscheinlich Strausseneier), Leopardenfelle und Rinder in einer Anzahl von 3300. Diese Gegenstände sind ohne Zweifel von Nubien und Aethiopien gekommen, indem man nämlich die Gelegenheit benutzt hat, sie gleichzeitig mit den Producten von Pun vorzuführen. Von Pun sind dagegen folgende Gegenstände gebracht: Elfenbein, Perlmutter (⎣⎦ 𓅭 ⎕ q a s oder q a genannt), Ebenholzblöcke, Stibium in Krügen oder Beuteln, Keulen, Ringe von Asem-Gold, drei frische Bäume, dieselben, die wir früher in ihren Kübeln gesehen, die hier aber schon in die Erde gepflanzt sind; vor denselben steht die Inschrift: „31 grüne Anti-Sykomoren der Majestät dieses Gottes, des Amon, des Herrn der Throne der Erde, als Wunder Puns gebracht; niemals ist Aehnliches gesehen seit der Zeit der Götter." Die Rinder, die man hier sieht, werden nicht gebunden vorgeführt wie die übrigen lebenden Thiere; sie gehören somit nicht zu den Tributen, sondern nur zur Staffage der Landschaft. Ausser den schon gepflanzten Bäumen bemerkt man sieben noch in ihren Kübeln stehende Sykomoren, endlich zwei grosse Haufen, den einen von beinahe zweier Männer Höhe, von aufgehäuftem Anti-Weihrauch gebildet; darüber steht geschrieben: „Haufen von frischem Anti-Weihrauch in grosser Menge." Der Weihrauch hat die Form von theils rundlichen, theils eckigen

---

[1] Mariette, Deir-el-bahari, Pl. 7 und 8.
[2] Makara wird bald als König im Masculinum, bald als Königin im Femininum angeredet.

faustgrossen Steinen. Wahrscheinlich war es ein wohlriechendes Harz, das als Rauchopfer verbrannt wurde. An der Seite des einen Haufens stehen vier Männer mit Maassen in den Händen; die beigefügte Inschrift besagt: „Vermessung frisches Anti-Weihrauches für Amon, den Herrn der Throne der beiden Welten. Wunder der Länder Puns, des herrlichen in dem göttlichen Lande."

In der oberen Reihe ist eine grosse Wage aufgestellt, durch welche der Gott Horus das Wägen der abgegebenen Tribute vornimmt. Auf der einen Wagschale finden sich 31 grosse Goldringe, auf der andern liegen Gewichte, welche die Form von Kühen und Kuhköpfen[1] haben. Die Inschrift lautet: „Eine wohl justirte Wage des Gottes Thot, von dem Pharao für seinen Vater Amon, den Herrn der Throne der beiden Welten gemacht, um Silber, Gold, Lapislazuli, Smaragd und alle kostbaren Steine Angesichts Ihrer Majestät zu wägen."

Ich habe gesagt, dass nicht alle hier abgebildeten Producte von dem Lande Pun gekommen sind. Das Bild ist nämlich in zwei Abtheilungen getrennt; in der einen sieht man die Tribute, die der Königin von den südlichen Ländern Nubien und Aethiopien gebracht worden sind, in der andern, der unteren, dagegen die Producte, welche die Expedition aus Pun nach Aegypten mitgebracht hat. Dies ist übrigens in der beistehenden Inschrift mit deutlichen Worten gesagt. In der unteren, der punischen, Abtheilung steht der Gott Thot und schreibt auf einer Tafel. An der Seite ist zu lesen: „Aufzeichnung in Schrift, Berechnung und Anzahl, die Summe in Millionen, Hunderttausenden, Zehntausenden, Tausenden und Hunderten. Empfang der kostbaren Producte des Landes Pun für Amon-ra, den Herrn der Throne der beiden Welten, den Herrn des Himmels, in Gegenwart der Königin. Der Gott Thot, Herr der Stadt Sesennu, Herr der göttlichen Worte, der alles Leben, alle Dauerhaftigkeit und Stärke, alle Gesundheit und alle Freude giebt."

---

[1] Bei den meisten Völkern des Alterthums nahmen die Gewichte verschiedene Thierformen an. Siehe Holmboe, Norske Vægtlodder fra fjortende Aarhundrede in Christiania Videnskabsselskabs Forhandlinger für 1869, S. 69 ff.

In der oberen Abtheilung steht die Göttin Safech und schreibt auf einer Tafel. Hier steht zu lesen: „Aufzeichnung in Schrift, Berechnung und Anzahl, die Summe in Millionen, Hunderttausenden, Zehntausenden, Tausenden und Hunderten. Empfang der kostbaren Producte des Südens für Amon, den Herrn der Throne der beiden Welten in Theben. Die Göttin Safech, die alles Leben, alle Dauerhaftigkeit und Stärke giebt."

Siebentes Bild. Die Königin Makara,[1] auch hier als König gekleidet, steht vor einer Inschrift von sechs Colonnen, und der Gott Amon, gegen die Königin gekehrt, sitzt auf einem Thron vor einer Inschrift von einundzwanzig Colonnen. In der ersten Inschrift, wo die Colonnen rücklings nach einander folgen, lesen wir unter anderem: „Die Königin Makara hat keine Feinde im Süden, keine Verschworenen wider sich im Norden. Der Himmel und alle Länder, die Gott geschaffen hat, dienen ihr; in gleicher Weise kommen sie, freudig im Herzen und klug im Reden, ihre Fürsten gesenkten Kopfes, mit ihren Spenden auf dem Rücken, bringend ihr die Kinder, welche sie mit sich führen, damit sie ihnen das Leben schenke, sie, die Königin Makara, unter deren Sandalen der Gott Amon alle Länder gelegt hat. Sie wünscht sich die Terrassen, wo der Anti-Weihrauch wächst (?), der Wunsch wird am hohen Sitze (im Himmel) gehört, und der Gott selbst giebt den Rath, den Weg nach dem Lande Pun aufzusuchen und auf der Strasse nach den Terrassen des Anti-Weihrauches zu gehen um zu ihrer Verherrlichung die kostbaren Erzeugnisse von dem heiligen Lande diesem Gott zuzuführen. Man hat gethan, wie der Herr, die Majestät dieses hohen Gottes, befohlen hat, nach dem Wunsche Ihrer Majestät, die Leben giebt und Kraft giebt wie die Sonne ewiglich."

In der andern Inschrift redet der Gott Amon-ra die Königin an: „Ich habe dir das Land Pun gegeben. Seit der Zeit der Götter war das heilige Land unbekannt, die Terrassen des Weihrauches nicht betreten; nicht haben die Aegypter[2] mit den Be-

---

[1] Mariette, Deir-el-bahari, Pl. 10.

[2] ⟨hieroglyphs⟩ die Leute, hier die Aegypter.

wohnern jenes Landes persönlich[1] gesprochen; die vielen[2] kostbaren Erzeugnisse dort sind zu deinen Vorvätern, den unterägyptischen Königen, dem einen nach dem anderen, seit der Zeit der Sonne gebracht worden; seit der Zeit der oberägyptischen Könige, die vormals waren, wurden für sie[3] (die Erzeugnisse) hohe Preise bezahlt. Niemand ist durchgekommen ausser deinen Boten, man liess deine Leute durchdringen, leitend sie über Wasser, über Land und Meer, indem sie nach den Terrassen des Anti-Weihrauches gesandt wurden; die Gegend ist eine herrliche des heiligen Landes, ein Aufenthaltsort voll von Freuden. Ich liess sie überfahren[4] für mich und die Mutter Hathor, Königin des Landes Pun und die grosse Herrin der Mysterien und Herrscherin aller Götter. Sie tragen Anti-Weihrauch nach Belieben, sie lasten ihre Schiffe nach Herzens Lust mit frischen Sykomoren des Anti-Weihrauches und mit allen guten Producten dieses Landes. Die Puner, die nicht die Aegypter kennen, und die Feldarbeiter des heiligen Landes thun süss und freundlich und spenden ihre Reichthümer."

Mehrere Bilder[5] stellen eine Ankunft von Schiffen und Soldaten in Theben dar. Sie beziehen sich wahrscheinlich auf die Expedition nach Pun. Nachdem die Expedition nämlich vom

---

[1] 𓀀 „mit Mund gegen Mund gekehrt."

[2] das letzte unvollständig erhaltene Wort soll vielleicht oder sein, die beide Anzahl, zahlreich bedeuten.

[3] für

[4] ; Dümichen hat nämlich , das wohl identisch ist mit dem im Papyrus Ebers vorkommenden ⲟⲩⲁⲧϥ. ⲟⲩⲱⲧϥ, transire, transferre. Mariette hat übrigens in dieser Stelle , das vielleicht mit dem Winde fahren, segeln bedeutet; cfr. les vents (Maspéro, Du genre épist. 57).

[5] Mariette, Deir-el-bahari, Pl. 11 u. 12.

rothen Meere über Land durch das Hammamat-Thal nach Koptos zurückgekehrt war, musste sie von da den Nil aufwärts nach Theben schiffen. Neben den Schiffen liest man: „Landung im Frieden in Theben, dem siegreichen; der Himmel ist in Festfreude, die Erde im Jauchzen, die Leute freuen sich, wenn sie diese Sachen sehen, die vor ihren Vater gelegt werden."

Die Soldaten sind verschieden bewaffnet: einige tragen Aexte, andere Bögen, noch andere Lanzen und Schilde; einer schlägt eine Trommel, ein anderer bläst auf einer Trompete; dazwischen werden Standarten getragen, d. h. hohe Stangen, die oben mit verschiedenen göttlichen oder königlichen Symbolen versehen sind. Daneben steht zu lesen:

„Die Marinesoldaten (⟨hieroglyphs⟩) der königlichen Schiffe jauchzen. Sie sprechen: Es ist ein Geschrei der Freude im Himmel; der Gott freut sich ihrer (der Königin), bestimmend viele Jahre für seine Tochter, die seine Denkmäler macht, auf dem Throne des lebendigen Horus, wie die Sonne ewiglich."

Ueber einer anderen Gruppe von Soldaten steht diese Inschrift: „Es freuen sich die Geschlechter im Süden und Norden, die jungen Leute in Theben und die jungen Mannschaften in Chenthon-nofer."

Aus den Inschriften des Der-el-bahri-Tempels ersehen wir also, dass die Königin Makara Hatasu eine See-Expedition nach dem Lande Pun abgesandt hat, um von dort nach Aegypten die kostbaren Producte des Landes zu bringen, nämlich: allerlei herrliche Hölzer, Anti-Gummi, frische Anti-Sykomoren, Ebenholz, Elfenbein, Gold und Silber, Taas-Holz, Chesit-Holz, Ahem-Metal, Balsam, Mestem-Schminke, zwei Affenarten, Windspiele und Felle von Leoparden.

Gleichzeitig mit der Expedition nach Pun war wahrscheinlich auch eine Expedition nach Nubien und Aethiopien eben zurückgekommen. In den Bildern, wo die fremden Fürsten und Spenden vor die Königin vorgeführt werden, sehen wir nämlich die zwei Expeditionen sorgfältig getrennt. In Mariette, Deir-el-bahari, Pl. 6 sind die Fürsten und Gaben von dem Lande Pun in einer Reihe dargestellt, in einer anderen, oberen aber die Fürsten und Gaben von Nubien und Aethiopien. Zwar ist die obere Reihe zum Theil abgebrochen, aber die Inschrift, die davor steht, spricht dies deutlich genug aus. Und auf den Tafeln 7 und 8 desselben Werkes sind die Producte von Nubien und Aethiopien in der oberen Reihe, die Producte von Pun aber in der unteren dargestellt; die beigefügten Inschriften besagen dies mit so bestimmten Worten, dass daran kein Zweifel sein kann. Ich habe oben die Producte Puns genannt; unter den Landesproducten von Nubien und Aethiopien führe ich hier nur lebende Giraffen, Leoparden und Rinder sowie Strausseneier an. Ich muss um so bestimmter die zwei Expeditionen und die zweierlei Arten von Landesproducten von einander getrennt halten, als niemand, der sich mit diesen Inschriften beschäftigt hat, darauf aufmerksam gemacht hat.

Ich muss in dieser Beziehung zuerst Mariette nennen, da er wahrscheinlich der erste ist, der diese irrige Meinung in die Wissenschaft eingeführt hat; jedenfalls war es seine Autorität, die sie geltend machte. Die Giraffe z. B. ist, wie wir gesehen haben, unter den Tributen Aethiopiens aufgeführt; dennoch aber ist für Mariette die Giraffe ein Beweis, ja sogar sein erster und bester Beweis, dass Pun ein afrikanisches Land sei. Denn er schliesst (Deir-el-bahari, S. 29), wie er ohne Zweifel wähnt, mit mathematischer Genauigkeit:

Die Giraffe ist ein afrikanisches Thier,
Pun hat als Tribut Giraffen geliefert,
also muss Pun ein afrikanisches Land sein.[1]

Es war aber, wie ich gezeigt habe, nicht Pun, sondern Aethiopien oder Inner-Afrika, das die Giraffen lieferte, und damit wird der Beweis hinfällig.

Auch Lepsius zählt in seinem sonst vorzüglichen Buche, Einleitung zur nubischen Grammatik, S. XCVII, Giraffen zu den Tributen Puns. Und endlich sagt Brugsch in seiner be-

---

[1] Ebenso Hommel, Sulla posizione del paese di Punt in Atti del IV Congresso internazionale degli Orientalisti, I, 77 fl.

deutenden Abhandlung, Die altägyptische Völkertafel, S. 58: „Die in Dêr-el-bahri aufgefundenen Darstellungen und Texte, welche sich auf die Expedition der ägyptischen Königin Hātsps nach dem Lande Punt beziehen, führen als Natur-Erzeugnisse desselben auf: Elephanten, Giraffen, Leoparden, Jagthunde, Affen, Gold, Edelsteine und Mineralien, Weihrauchbäume, Holzarten, Perlmutter. In einer aus der Ptolemäer Zeit herrührenden Inschrift werden dieselben Erzeugnisse aufgezählt, aber als Producte der Trogodytenländer, nämlich: Gold, Silber, Elephantenzähne, drei besondere Affenarten, Leoparden, Giraffen ... Punt ist somit keine Bezeichnung irgend einer Gegend Arabiens, sondern es umfasst den südlichsten Theil der von den Alten Trogodytice genannten Küste des Rothen Meeres."

Maspéro ist, so viel ich weiss, der einzige, der eine Andeutung von dem -Richtigen gegeben hat.[1] Er scheint indessen nicht die getrennte Darstellung der Tribute Puns und Aethiopiens (Pl. 7 und 8 in Mariettes Publication) bemerkt zu haben. Wir werden gleich nachher diese Sache etwas näher besprechen, kehren aber für jetzt zu den Inschriften zurück.

Wir sind mit den Inschriften des Der-el-bahri-Tempels fertig. Sie geben uns überaus interessante und ausführliche Nachrichten von dem Welthandel des fünfzehnten Jahrhunderts v. Chr.[2] Sie sind von so grosser Bedeutung, weil Wort und Bild einander auf eine selten klare Weise unterstützen: da wo die Worte unzureichend sind, treten die Bilder hinzu, und wo das Bild nicht zureicht, vervollständigen die Worte das Nöthige.

Seit der Expedition der Königin Makara Hatasu figurirt das Land Pun immer auf den Listen der abhängigen Länder Aegyptens. Unter Thotmes III, dem Nachfolger und jüngeren Bruder der eben genannten Königin, ist Pun mit seinen Produc-

---

[1] Maspéro, De quelques navigations des Égyptiens, S. 21.
[2] Dass der Handel des zweiten Jahrtausendes v. Chr. auch in Europa eine grössere Ausbreitung und Bedeutung hatte, als man früher geahnt hat, geht aus den interessanten Mittheilungen hervor, die der schwedische Gelehrte Montelius in der Scandinavischen Naturforscherversammlung in Christiania Juli 1886 über den Anfang der Bronzezeit in Europa gemacht hat.

ten mehrmals genannt worden. In Lepsius, Denkmäler III 31, a, 8 wird unter den Tributen, die dem Pharao Thotmes III gebracht werden, auch der Weihrauch des Landes Pun genannt. Und in dem Grabe eines hochgestellten Würdenträgers, des Nomarchen Rechmara,[1] wird gesagt, dass Rechmara „die Tribute der südlichen Länder (Nubien und Aethiopien) als Opfergabe, die Tribute des Landes Pun, die Tribute Rothennu's (Syrien), die Tribute des Landes Kefa (Phönikien) als Opfergabe und die Beute von allen Ländern, gebracht Seiner Majestät dem Pharao Thotmes III, dem immer lebenden," empfängt.

Aus diesem Grabe haben Hoskins und Wilkinson (l. c.) eine bildliche Darstellung wiedergegeben, in welcher wir in vier Reihen die vier Völker der genannten Länder sehen. Diese tragen ihre für den Pharao bestimmten Tribute vor den Schreiber, hier wahrscheinlich Rechmara, der sie nachzählt und aufzeichnet. In der ersten, oberen Reihe stehen die Leute von Pun; die beigefügte Inschrift besagt:

„Die Grossen von Pun kommen in Frieden; mit gebeugtem Rücken tragen sie ihre Tribute an den Ort, wo Seine Majestät der König Thotmes III, der ewig lebende, sich befindet, alle schönen Spenden ihres Landes."

Unter den dargebrachten Tributen kommen vor: Anti-Weihrauch in grossen Haufen oder Körben, Asem-Gold in Beuteln oder in Form von Ringen, Perlmutter, Felle von Leoparden, Elfenbein, Ebenholz, lebende Affen und Leoparden, frische Anti-Sykomoren in Kübeln, Strausseneier und Straussenfedern.

In der zweiten Reihe kommen die Grossen des Landes Kefa (Phönikien) mit ihren Tributen: Handelsproducte, Gold und Silber, Kunstproducte, z. B. kostbare und kunstreich geformte Gefässe und Vasen von Gold und Silber, aus denen künstliche Blumen hervorspriessen.

Die dritte Reihe besteht aus Grossen von den südlichen Ländern Nubien und Aethiopien, die ihre Tribute darbringen:

---

[1] Lepsius, Denkmäler, III, 39, a, b; Hoskins, Travels in Ethiopia, 328 ff., und Wilkinson, Manners und Customs, I, Pl. 4.

grosse Mengen Gold und Silber in Ringen und Platten, Straussenfedern mehrmals wiederholt, grosse und kleine Strausseneier, Elfenbein, Ebenholz, bunte Felle von Leoparden, lebende Thiere wie Leoparden, Affen, Giraffen und Rinder.

In der vierten Reihe endlich sehen wir die Grossen von Rothennu (Syrien), die künstliche Vasen und Gefässe, Bögen, Köcher und Wagen, lebende Pferde, Bären und Elephanten als Tribute vorführen.

Hier haben wir wieder die Tribute von Pun und von den südlichen Ländern, Nubien und Aethiopien, gesondert dargestellt. Diese Länder liefern, wie wir sowohl hier als oben gesehen haben, meistens dieselben Producte; aber ein Unterschied ist hier wie oben auffällig, dass es nämlich nicht Pun, sondern Aethiopien ist, das lebende Giraffen und Rinder darbringt. Dies beweisst zum Ueberfluss, dass ich oben Recht hatte, wenn ich auch in den Darstellungen am Tempel von Der-el-bahri dieselbe Trennung nachgewiesen habe.

Hoskins, der die Darstellungen in dem Grabe Rechmara's publicirt hat, glaubte, dass sie alle äthiopische Producte vorführten, indem er nicht die hieroglyphischen Inschriften verstand, die indessen bestimmt zeugen, dass jede der vier Reihen ein besonderes Volk darstellt. So sagt er,[1] wo er seine Ansichten über diese Darstellungen überhaupt ausspricht:

„Fifty figures are represented, exclusive of the Egyptians, painted red; six are black, and four of a dark brown, but apparently of the same country. These people, not having the Egyptian dress, are doubtless Ethiopians, and most of them are so called by the hieroglyphics." Er hat indessen die Hieroglyphen so fehlerhaft wiedergegeben, dass er keinesweges Recht hat auf sie zu verweisen.

Indem er von der vierten Reihe spricht, wo, wie wir jetzt wissen, die Rothennu (Syrier) dargestellt sind, sagt er (l. l. S. 328): „I conceive these presents, with the exception, perhaps of the bear, to be chiefly from Ethiopia, and from the richness

---

[1] Hoskins, Travels in Ethiopia, S. 327.

and elegance of the form of the vases, the abundance of gold and silver, and the curious manner in which the latter is wrought into the form of the heads of animals, we have the very strongest proofs of the exquisite taste, knowledge, and wealth of the Ethiopians."

Jeder Anfänger der Aegyptologie weiss jetzt recht gut, dass es sich hier nicht um Aethiopien, sondern um Syrien handelt, und wir können hieraus ein warnendes Beispiel entnehmen, wie leicht grosse Irrungen durch fehlerhafte Voraussetzungen sich in die Geschichte einschleichen können, wenn man, wie Hoskins, aus den syrischen Kunst- und Industrie-Erzeugnissen auf den Stand der Civilisation bei den Aethiopiern anstatt bei den Syriern schliessen will.

Endlich sagt Hoskins (l. l. S. 329) von der zweiten Reihe: „The second row of figures in this plate are still more curious. They are called Ethiopians." Dies ist unrichtig. Hier steht nicht ⌒ ⌒ Aethiopien, sondern ⌒ 𓅓 ⌒ Kefa, d. h. Phönikien.

Dass die Auffassung Hoskins unrichtig war, versteht man jetzt recht wohl: die vier Reihen im Grabe Rechmara's stellen vier verschiedene Völker oder Länder und ihre Tribute dar. Dagegen herrscht noch, wie wir sahen, die Konfusion im Bezug auf die Darstellungen in Der-el-bahri. Nach meinen obigen Erörterungen wird hoffentlich auch diese Konfusion beseitigt werden. Indessen will ich zur näheren Beleuchtung dieser Verhältnisse auf die schöne Darstellung aufmerksam machen, die unter Tutanchamon, einem späteren Könige der achtzehnten Dynastie, verfertigt worden ist.[1] Da sind es die obern Rothennu (die Syrier) und die Völker des Südens (die Nubier und die Aethiopier), die ihre Tribute bringen. Die Syrier bringen herbei kunstvolle Vasen, lebende Löwen, Pferde, Thierfelle und „Gaben von allen ausgewählten und guten Sachen ihrer Länder: Silber, Gold, Lapislazuli, Smaragd und Edelgestein."

Eine andere Abtheilung zeigt uns die Aethiopier. Einige

---

[1] Lepsius, Denkmäler, III, 115—118.

haben sich zu den Füssen Pharaos auf den Boden geworfen, Andere tragen die Tribute. Eine der Inschriften lautet: „Die Fürsten des Landes Kes̆ (Aethiopien) sagen: Sei gegrüsst, du König Aegyptens, du Sonne der Neunvölker! gieb uns den Hauch des Lebens nach deinem Belieben." Die Tribute sind die gewöhnlichen: grosse Mengen von Gold in Ringen und in Beuteln oder in Krügen, Chenem-Stein,[1] Felle von Leoparden, lebende Giraffen und Rinder, Bögen u. s. w. Ein königlicher Prinz hat die Aethiopier und ihre Tribute auf Schiffen nach Theben geführt. Die geladenen Schiffe sind in Landung begriffen, der Prinz steht dabei, und die Inschrift obenan erklärt die Darstellung ganz deutlich: „Heimkunft von Aethiopien 〔hieroglyphs〕, um dir (dem Pharao) diese schönen Tribute von allen ausgewählten und guten Sachen der südlichen Länder zuzuführen; Landung im südlichen Theben durch den königlichen Sohn von Kes̆ Namens Hui."

Die Punier sind hier nicht genannt, entweder weil sie nicht bei dieser Gelegenheit nach Aegypten gekommen sind, oder weil die Darstellung, die sich auf sie bezog, verloren gegangen ist. Aber dies erkennen wir wenigstens, dass Nubien und Aethiopien hier wie überall dieselben Producte bringen, wie die, welche wir in den Darstellungen des Tempels von Der-el-bahri als die des Landes Kes̆ oder Aethiopien nachgewiesen haben. Jedenfalls ist es gewiss, dass die Giraffe nicht zu den Tributen Puns, sondern zu denen Aethiopiens gehörte.

Wir finden das Volk der Punier wieder unter Horemheb, dem Nachfolger Tutanchamon. Der König ist zwar nicht genannt, die Inschrift aber befindet sich auf einer Mauer, die von diesem Könige wahrscheinlich aufgeführt und inscribirt ist. Sie ist von Brugsch (Recueil 57) und Mariette (Monuments divers, Pl. 88) publicirt worden. Eine kniende und vier stehende Figuren bitten mit gehobenen Armen, drei Personen bringen Tribute hervor: Strausseneier und Straussenfedern, Felle von Leoparden und Beutel wahrscheinlich mit Asem-Gold gefüllt.

---

[1] Vielleicht Rubin, cfr. Lepsius, Die Metalle, 124.

Die Inschrift, die dabei steht, lautet folgendermassen:

[hieroglyphs]

Wir, die grossen Fürsten von Pun, sagen: Sei gegrüsst du, König von Aegypten, Sonne der Neunvölker, sei glücklich! Wir haben nicht Aegypten gekannt, unsere Väter haben es nicht betreten.

Unter Horemheb, dem letzten Könige der achtzehnten Dynastie, kamen also Leute von Pun nach Aegypten mit den gewöhnlichen Producten ihres Landes. Zwar ist Weihrauch hier nicht genannt, aber die Darstellung ist vielleicht nicht vollständig erhalten; jedenfalls war Weihrauch zu allen Zeiten das erste und nothwendigste Product, welches die Aegypter aus dem Lande Pun bezogen. Dass die Punier nicht Aegypten kannten, und dass ihre Väter nicht früher dahin gekommen waren, muss, wie wir jetzt wissen, nicht wörtlich aufgefasst werden. Der Ausdruck ist nur gebraucht um dem Pharao zu schmeicheln, und leider um den Grossen zu schmeicheln, hat man' sich selten davor gescheut eine Unwahrheit zu sagen.

Wir kommen jetzt zu der neunzehnten Dynastie. Auch hier kommt Pun auf den Listen der von Aegypten abhängigen Länder vor. So unter Seti 1.[1] Hier sieht man den Pharao im Triumphaufzuge eine ganze Reihe besiegter, in Ketten gebundener Völker nach sich führend, in welcher Reihe auch das Volk Pun vorkommt. In der Ueberschrift, wo der König den Gott Amon anruft, wird dies Volk besonders genannt. Es heisst nämlich: „Ich habe die Wege des Landes Pun für dich geöffnet."

Unter Ramses II finden wir[2] das Land Pun in einer ungewöhnlichen Verbindung genannt. Hier, wo es sich um eine gottesdienstliche Ceremonie handelt, ist ein [hieroglyphs]

---

[1] Lepsius, Denkmäler, III, 129.
[2] Lepsius, Denkmäler, III, 163.

Der ägyptische Handel mit Pun. 43

„Nahas des Landes Pun" in betender Stellung dargestellt. Der beigefügte Text besagt:

„Worte gesprochen von dem Nahas des Landes Pun im Angesicht dieses Gottes: Heil dir Chem, du Herr der Brüder, Herr der Stadt Panopolis, von wahrem Lazurstein,[1] mächtig über Alle! Du bist ein Stier, über den Ländern kommend, freudig vom Herzen nahst du dich dem Könige der Götter."

Dieselbe Darstellung findet sich unter Ramses III wiederholt,[2] und da ist zu den angeführten Worten hinzugefügt worden: „Die Kapitel des Gebetes, das von dem Nahas des Puns gesprochen wurde."

Es ist ganz merkwürdig, dass der Nahas des Landes Pun in dieser Ceremonie eine so hervorragende Rolle spielte. Wer ist dieser Nahas? Man hat, so viel mir bekannt, diese Frage niemals weder gestellt, noch weniger zu beantworten versucht. In so fern man das Wort mit Neger übersetzt hat, ist es ganz bestimmt unrichtig, in dieser Stelle wenigstens. Der hier dargestellte Nahas hat nichts Negerhaftes an sich; er sieht in Physiognomie und Tracht ganz wie ein Aegypter aus. Er muss übrigens der hervorragenden Rolle wegen, die er spielt, eine bedeutende Person gewesen sein. Ich möchte daher einen neuen Weg einschlagen und das Wort ☥ nahas mit Negus, dem Titel der altäthiopischen Könige vergleichen. Negus steht wie bekannt mit dem hebräischen נָגַשׂ drängen, treiben, נָגִישׂ Führer, Herrscher in Verbindung. Ist nun unser Nahas dasselbe wie Negus,[3]

---

[1] Wahrscheinlich war die Statue des Gottes von Lazurstein verfertigt oder damit geschmückt.

[2] Lepsius, Denkmäler, III, 213.

[3] In Dialecten und verwandten Sprachen können natürlich h und g mit einander wechseln.

und sind, wie bekannt, nur dialectisch von einander verschieden. Im Koptischen gehört ja dem thebanischen und dem memphitischen Dialect an. Dass derselbe Dialectunterschied auch in der älteren ägyptischen Sprache vorhanden war, hat z. B. der schwedische Aegyptolog K. Piehl, Dialectes égyptiens retrouvés au Papyrus Harris No. 1, Stockholm 1882, S. 4, klar dargelegt; wir brauchen hierfür nur die Beispiele ⲱⲧⲃ für Ϩⲱⲧⲉⲃ und

so bedeutet Nahas des Puns nichts anderes als **Herrscher, Vorsteher des Puns**. Vielleicht war er Vorsteher der pun-

---

⸺ 🜛 **en-ϩpoⲧ** für ⸺ 🜛 **Ϩpoⲧi** anzuführen.

Der Wechsel zwischen den Gutturallauten (𓎛 h und ⊙ χ) und den Palatallauten (⟅ k, ⊿ q und △ k) war nicht so gewöhnlich, aber er fand doch Statt. Ich will einige Beispiele aus Brugsch's Wörterbuch anführen:

𓄿 χaä, legen, Kopt. **ⲕⲱ** T. **ⲭⲱ** u. **ⲭⲁ** M. ponere.

χab, sich krümmen (verwandt mit sem. גָּבַב, בָּפָה, בָּפַף); ebenso ⊙ 𓀀 χab.

⊙ 𓀀 χa, hoch sein, die Höhe, die Länge. (cfr. ⊿ 𓀀 qa, Höhe u. Länge).

⊙ χefā ist wohl mit ⌒ ⌒ kefā verwandt.

χnum, Griech. Κνοῦφις, Κνήφ.

χnemms, Mücke; cfr. Hebr. בְּנִים culices, Gr. κωνωψ, culex.

χonsu, Kopt. **ⲭⲱⲛⲥ** M. **ⲕⲛⲟⲥ, ⲕⲛⲟⲟⲥ** T. putrescere, foetere.

χesbet, Hebr. כֶּסֶף palluit; woher כֶּסֶף argentum.

Der Wechsel zwischen ⟅ k, ⊿ q, △ k war gewöhnlich, z. B.:

Kapuna, גְּבָל Gabal, Byblos.

Chabas sagt: Le passage du ב. k, au ג. g, est fort ordinaire; exemple Kenereth, en grec Γεννησαρέτ. (Chabas, Voyage 157 fl.)

Mākϑa מגדון Mageddo, Megiddo. (Chabas, ib. 208).

Mākϑr מגדל, Migdol.

kamääal, גמל gamal, Kamel.

phönikischen Colonie, die ich, wie später nachgewiesen werden wird, im Norden von Koptos bei Tabenne gefunden zu haben glaube. Nun lag Tabenne in der Nähe der Nomoshauptstadt Panopolis, deren Lokalgott Chem war; es war also ganz natürlich, dass das Haupt der nahen pun-phönikischen Colonie bei dem Feste des panopolitischen Lokalgottes Chem eine hervorragende Rolle spielte. Es ist doch wahrscheinlich, dass die hier besprochene religiöse Ceremonie nicht in Panopolis, sondern in Theben gefeiert wurde, wenigstens finden sich die beiden Inschriften, die davon handeln, in Theben, die eine in Memnonia, im Tempel des Ramses II, und die jüngere in Medinet Habu. Ja, ich glaube sogar behaupten zu können, dass es sich hier um einen Besuch handelt, den der Gott Chem von Panopolis, der Hauptstätte seines Cultus, in Theben während der Zeit der Kornernte abstattet. Wir sehen (Leps. Denkm. III, 212 a) das grosse Standbild des Gottes Chem in seinem Naos, in welchem es wahrscheinlich nach Theben getragen worden ist; vor ihm steht der König mit der Rauchpfanne in der Hand um „seinem Vater Weihrauch und Trankopfer zu bringen." In der beigefügten Inschrift

Qat'aϑa, Var.

Kat'aϑa, Gaza.

Dans le fait, les Égyptiens ne possédaient pas le son g; ils le figuraient à leur gré par l'un des hiéroglyphes de l'articulation k. (Chabas, Voyage 294.) Cf. Bondi, Dem hebräisch-phönizischen Sprachzweige angehörige Lehnwörter in hieroglyphischen und hieratischen Texten, Leipzig 1886, S. 33 ff., wo dasselbe Wort fünfmal haqal und dreimal hakal geschrieben ist.

Wenn die Aegypter das semitische Wort Negus transcribiren wollten, konnten sie den g-Laut entweder mit k, k, q oder, da diese Laute bisweilen mit χ und h wechselten, mit oder wiedergeben; wir wissen ja nicht, wie die Pun-Phöniker in jenen Zeiten den g-Laut articulirten. Wollten die Aegypter einen Gutturallaut haben, mussten sie wählen, da Oberägypten, wo diese pun-phönikische Colonie lag, wohl immer dialectisch den -Laut anstatt vorgezogen hat.

lesen wir: „Es freuen sich die Leute des Gottes Chem, (dessen Cultusbild) von den Künstlern gebildet (ist),[1] die in der Stadt Pe,[2] die in der Stadt Hetettu[3] und die in Hat-hesmen, dem Natronhause, sind. Die Statue[4] des Gottes Chem steigt zu der Terrasse hin. Er bringt uns Freude schreitend hervor aus dem Munde seiner Mutter Isis, der Göttin in der heiligen Stadt (Iseum?).[5] Siehe, zu uns kommt der Gott Chem, der siegreiche, der mächtige; er ist gerechtfertigt gegen seine Feinde und rechtfertigt den Pharao gegen seine Feinde."

Es ist hier, wie es scheint, von dem Cultusbild des Gottes Chem und von seiner Ankunft in Theben die Rede; der Gott bringt Festfreude mit sich und wird mit Opfer empfangen.

Der Priester mit einer dreifachen Libationsvase in der Hand ⸻ „reinigt und heiligt den Weg dieses Gottes", und ⸻ „die Götter folgen Chem in seiner ganzen Festprocession."[6] Der Besuch wird zu der Zeit der Kornernte abgestattet; denn der König schneidet mit einer Sichel das Korn ab und giebt es dem Gotte.[7]

Handelt es sich hier, wie ich bis auf Weiteres glaube, von einem Besuche des Gottes Chem in Theben, so müssen wir annehmen, dass der Nahas, das Haupt, der phönikischen Handelscolonie in Tabenne, als ein der weltlichen Grossen in dem panopolitischen Nomos mit nach Theben gefolgt ist, um dort die hervor-

---

[1] ⸻.

[2] Oder vielleicht ⸻ Apu, Panopolis, anstatt ⸻.

[3] Die Stadt ⸻ Hetettu ist in Brugsch, Dictionnaire géographique, nicht aufgeführt. Der Name steht vielleicht mit ⸻ hetet, adorer, in Verbindung und bedeutet die Stadt oder die Stätte der Anbetung.

[4] ⸻ giessen, durch Guss formen, das durch Guss Gebildete, das Gusbild, hier wohl die von Metal gegossene Statue des Gottes.

[5] Brugsch, Dictionnaire géographique, 366.

[6] Lepsius, Denkmäler, III, 164 a.

[7] Lepsius, Denkmäler, III, 162 und 212 b.

ragende Rolle in der religiösen Ceremonie zu spielen, von der
diese Inschriften Zeugniss abgeben. Die pun-phönikische Handelscolonie war damals schon alt in Aegypten; wahrscheinlich war
sie in den Zeiten der sechsten Dynastie oder vielleicht noch
früher angelegt worden; die daselbst wohnenden Fremden haben
in der langen Zwischenzeit natürlich die ägyptische Sprache
lernen und die ägyptische Religion anerkennen oder wenigstens
bekennen müssen, und es kann somit nicht befremden, dass das
Haupt derselben, der Nahas des Puns, in den Zeiten der neunzehnten Dynastie an einer religiösen Ceremonie zur Ehre des
nachbarlichen Lokalgottes Antheil nahm. Zum Schlusse noch
eine Bemerkung. In dem Falle, dass Nahas und Negus identisch
sind, können wir daraus den bedeutsamen Schluss ziehen, dass das
Volk Pun eine semitische Sprache hatte, da Negus seiner Etymologie
nach ein semitischer Titel ist.

Indem ich diese Erklärung vorzuschlagen wage, will ich
allerdings nicht läugnen, dass das Wort nahas in den ägyptischen Texten auch die Bedeutung von Neger hat. Dies geht
z. B. aus dem wohlbekannten Seti-Grabe (Lepsius, Denkmäler,
III, 136) und vielen anderen Stellen unzweifelhaft hervor. Können wir vielleicht dies so erklären, dass der Negus der Aethiopen
zu gewissen Zeiten über die schwarzen Negervölker Afrikas
herrschte, und dass daher sein Titel-Name auf die Unterthanen
überging? Oder haben wir vielmehr zwei verschiedene Wörter,
die zufälliger Weise denselben Laut hatten? Ein König der
dreizehnten Dynastie ist ⟨hieroglyphs⟩ Ra-Nahasi genannt,[1] ein Name, der kaum Neger bedeuten kann, sondern vielmehr Ra-Negus, d. h. der äthiopische Königstitel sein muss.
Es war ja leicht möglich, dass ein Aethiopier sich in die Reihe
der Könige der schwachen, mit den Hyksos gleichzeitigen dreizehnten Dynastie habe hineinschleichen können.

In Tanis sind ein oder mehrere Fragmente eines Obelisken
gefunden, der die Inschrift ⟨hieroglyphs⟩ „Königli-

---

[1] Fragment No. 97 des Königspapyrus in Turin.

cher Sohn, Nahasi" trägt.[1] Da es durchaus unwahrscheinlich
ist, dass der Prinz den Namen Neger hatte, so müssen wir auch
hier für das Wort nahasi eine andere und zwar eine mit der oben
angeführten ähnliche Bedeutung suchen. Wir kennen mehrere
äthiopische Könige, die in Aegypten regiert haben, aber von
einem schwarzen Neger-Könige im Nillande wissen wir nichts.
Die Königin Aahmes Nofertari, Gemahlin des Königs Aahmes I,
ist die einzige Person der ägyptischen Königsfamilien, von der
man eine Negerherkunft vermuthet hat, denn sie ist bisweilen, doch
nicht immer, mit schwarzer Hautfarbe dargestellt; aber Brugsch
(Geschichte Aegyptens, S. 260) glaubt, dass dies uns nicht
zu der Annahme berechtigt, dass sie wirklich eine schwarze
Negerin wäre. „Die dunkle Farbe," sagt er, „findet sich nicht
selten in den Malereien der Königsgräber zu Theben angewendet,
um bei den sonst hellfarbig dargestellten Pharaonen-Bildern
als eine äusserlich sichtbare Anspielung auf den Aufenthalt in
der finstern Nacht des Grabes zu dienen."

Die Nahasi, ohne Zweifel in der Bedeutung Neger, sind
übrigens sehr früh auf den ägyptischen Denkmälern genannt, so
unter Usurtesen III,[2] der in einer Inschrift den Nahasi verbietet,
die Südgrenze zu überschreiten.

Unter Ramses III sind Pun und die punischen Producte
öfters genannt. In Lepsius' Denkmäler, III, 209 ist das Volk
Pun mit mehreren andern Völkern als besiegt und gefangen
genommen dargestellt. Derselbe Ausdruck kehrt hier wieder,
den wir oben unter Seti gefunden haben. Ramses III sagt nämlich zu dem Gotte Amon: „Ich habe die Wege des Landes
Pun für dich geöffnet, um Anti- und Sonnuter-Weihrauch zu
holen."[3] Pun bringt Ramses III Tribute „von Gummi,[4] von

---

[1] W. M. Flinders Petrie, Tanis, Part I, S. 8 und Pl. III, 19 A.

[2] Lepsius, Denkmäler, II, 136 i.

[3] Dümichen, Historische Inschriften, XII, Col. 15.

[4] ⟨hieroglyphs⟩ qmi ist wahrscheinlich dasselbe Wort wie das griechische κόμμι und das lateinische gummi, in diesem Falle ein Lehnwort, das mit dem Producte selbst aus Aegypten nach Griechenland übergeführt worden ist. Das Gummi kommt wie bekannt sowohl trocken, in Form von Harz in Körnern, als flüssig vor.

herrlichem, wohlriechendem Anti-Weihrauch und von allen Arten süss duftender Kräuter."[1] Gummi von Pun wird sonst auch häufig genannt, z. B. in Dümichens Historische Inschriften XXXII und XXXIII.

In dem grossen Papyrus Harris, der, wie bekannt, die Geschichte des Ramses III erzählt, findet sich eine längere Stelle, die von dem Seehandel mit Pun spricht. Sie lautet folgendermassen: „Ich habe," sagt der König, „grosse Fahrzeuge und Lastschiffe ausgerüstet und sie mit vielen Matrosen und Dienern in Menge versehen; ihre Officiere und Marinesoldaten waren darauf mit den Aufsehern und Unterofficieren zur Bedienung. Sie waren mit den Producten Aegyptens ohne Zahl beladen; sie waren, jede in ihrer Zahl, Myriaden gleich da. Sie segelten auf dem rothen Meere und fuhren nach dem Lande Pun; das Unglück beugte sie nicht und frisch trugen sie den Schrecken vor sich hin. Sie luden die Fahrzeuge und Lastschiffe mit den Erzeugnissen des heiligen Landes, mit den geheimnissvollen Wundern dieses Landes und mit vielem Anti-Weihrauch des Puns, Myriaden gleich ohne Zahl. Die Söhne der Fürsten des heiligen Landes kamen an der Spitze ihrer Tribute persönlich nach Aegypten. Sie kamen gesund nach Koptos; sie landeten in Frieden mit ihren Reichthümern und Tributen, die über's Land auf den Rücken der Esel und der Menschen getragen wurden. Im Hafen von Koptos luden sie die Waaren in Schiffe auf dem Nile ein, fuhren flussabwärts und kamen zum Feste an bringend vor mich die Tribute, einem Wunder gleich. Die Söhne der Fürsten priesen mich, fielen auf die Erde und krochen vor mein Gesicht."[2] Hier haben wir wieder ein authentisches Zeugniss dafür, dass die Aegypter Handelsreisen im Auftrage des Königs nach dem Lande Pun machten, also etwa auf dieselbe Weise, wie Salomo Schiffe nach Ofir sandte.[3] Sie nahmen ägyptische Waaren mit um sie gegen die Kostbarkeiten Puns zu vertauschen. Es muss

---

[1] Lepsius, Denkmäler, III, 210 a; cfr. Dümichen, Historische Inschriften, XVI und XVII.
[2] Papyrus Harris, I, 77, 8—78, 1.
[3] I König. 10, 22.

eine lange und gefahrvolle Reise gewesen sein; denn es wird wiederholt versichert, dass die Leute gesund zurückkehrten, was nicht nothwendig gewesen sein würde, wenn die Reise leicht und ungefährlich wäre. Die Fürstensöhne Puns folgten mit nach Aegypten um dem Pharao persönlich ihre Gaben und Tribute zu bringen. Die Route ist bekannt und wird hier wieder bezeugt: man segelte zuerst auf dem rothen Meere, ging dann von der See über Land durch das Hammamat-Thal nach Koptos, von wo man weiter auf dem Nil nach dem Bestimmungsort aufwärts oder abwärts schiffte.

In der Folgezeit bis zu den römischen Kaisern nennen die ägyptischen Denkmäler mehrmals die Erzeugnisse des Landes Pun, so z. B. in Mariettes Denderah, I, Pl. 79, a und 1, und in Dümichens Recueil, IV, 100, A, wo es heisst: „Ich habe durchlaufen das Weihrauch-Thal, ich habe besucht die Welt des Gottes, ich habe eingeschlagen die Strasse nach Pun, ich habe erhoben die Tribute von den beiden Welten der Götter, alle wunderbaren Erzeugnisse des Landes Fekhir."[1] Wir brauchen dies nicht ausführlich nachzuweisen, da wir schon genug gesehen haben um zu wissen, dass die Aegypter von den frühesten bis zu den spätesten Zeiten regelmässig Handel — sowohl activ als passiv, meist doch Passivhandel — mit Pun trieben. Ich werde nur, der Vollständigkeit wegen, anführen, was Strabo (815) von diesem Handel zu seiner Zeit sagt:

„Koptos ist gegenwärtig das allgemeine Niederlager, wo alle indische, arabische und äthiopische Waaren, mit denen der Handel auf dem arabischen Meerbusen getrieben wird, abgelegt werden. Nicht weit von Berenike ist Myoshormos, eine Stadt mit einem für die Kauffahrteischiffe sehr bequemen Hafen, befindlich, und nicht weit von Koptos liegt Apollinopolis, so dass diese beiden Städte den nur gedachten Isthmus begrenzen. Koptos und Myoshormos sind die beträchtlichsten von allen in diesen Gegenden befindlichen Handelsplätzen, deren sich alle Kaufleute

---

[1] Brugsch, Die altägyptische Völkertafel, S. 70, wovon ich die hier benutzte Uebersetzung genommen habe.

bedienen. Der Landweg durch den gedachten Isthmus beträgt ungefähr sechs bis sieben Tagereisen, und war, bevor er von Ptolemäus Philadelphus in den Stand gesetzt ward, so beschwerlich zu passiren, dass man auf den Kamelen beständig sein Wasser bei sich führen, und sich nicht anders als auf dem Meere nach dem Lauf der Sterne richten musste; gegenwärtig sind diese Beschwerlichkeiten grösstentheils gehoben; man hat Brunnen von einer erstaunlichen Tiefe gegraben, und der hier, obschon äusserst selten einfallende Regen, wird gleichfalls in Cisternen gesammelt. Auf diesem Isthmus werden Smaragde und andere Edelsteinarten mehr gefunden, die die Araber aus Gruben von einer bewundernswürdigen Tiefe hervorbringen."

Wir sehen, dass unter den Ptolemäern genau dieselben Verhältnisse Statt fanden und dieselben Vorkehrungen getroffen wurden, wie zwei Tausend Jahre früher. Strabo, von den Zeiten des Kaisers Augustus, erzählt eigentlich nichts anders, als was die ägyptischen Inschriften von 2300 v. Chr. berichten; besonders ist es Wasser, immer Wasser, wovon sowohl die alten, wie die neuen Nachrichten hauptsächlich reden. In diesen dürren Wüstenstrecken mussten Brunnen immer von Neuem gegraben werden, da die alten bald durch die mindeste Nachlässigkeit unbrauchbar wurden.

Wir haben gesehen, was die ägyptischen Monumente von dem dritten Jahrtausend v. Chr. bis zu den Zeiten der Ptolemäer von dem Handel mit Pun zu berichten haben. Wenn wir die ägyptischen Inschriften mit den daran sich eng anschliessenden griechischen Nachrichten zusammenhalten, so verstehen wir, dass dieser Handel von grösster Bedeutung war, dass es ein Seehandel war, der den Austausch von indischen, arabischen, innerafrikanischen und ägyptischen Waaren vermittelte, und somit der älteste uns bekannte Welthandel war.

Die Lage des Landes Pun.

Wo war nun das Land Pun gelegen? Diese Frage ist auf verschiedene Weise beantwortet worden. Brugsch war zuerst der Meinung, dass Pun in dem südlichen Arabien (Arabia felix) liegen musste. Er führte[1] eine Inschrift an,[2] wo der Gott Amon zum König Ramses III sagt: „Ich wende mein Gesicht nach Osten", und ihm mit diesen Worten das Land Pun und seine Producte verleiht. Dies im Osten von Aegypten gelegene Land kann nur, fügt Brugsch hinzu, Arabien sein, was er auch durch die Angaben der Denkmäler bestätigt findet. Da Brugsch in geographischen Dingen facile princeps war, schlossen sich die meisten Forscher an seine Meinung an, bis der französische Gelehrte Mariette dagegen energisch auftrat und zu beweisen suchte, dass Pun auf der heutigen Küste des Somali-Landes zu suchen sei.[3] Er führt dafür mehrere Beweise an:

1. Dass eine Giraffe, die ein afrikanisches Thier ist, unter den Erzeugnissen des Puns auftrete.

2. Dass der Puner-Fürst auf der rechten Beinschiene einen Harnisch trägt, der mit einem eisernen Ringpanzer (Danga-Bor), den die Bongo-Neger auf dem Arm tragen,[4] identisch sein soll.

3. Dass die punischen Pfahlbauten mit ihren runden, oben zugespitzten Dächern mit ähnlichen, die nach Schweinfurth heut zu Tage in dem östlichen Sudan zu sehen sind,[5] zusammengestellt werden müssen.

4. Dass die Frau des Fürsten von Pun mit ihren schweren

---

[1] Brugsch, Die Geographie der Nachbarländer Aegyptens, S. 14.
[2] Lepsius, Denkmäler, III, 210, a.
[3] Mariette-Bey, Deir-el-bahari, S. 28, ff.
[4] Schweinfurth, Im Herzen von Afrika, I, 309.
[5] Schweinfurth, Im Herzen von Afrika, 1, 417; II, 22 u. 481.

Fleischmassen offenbar mit den unförmlich dicken Bongoweibern[1] zu vergleichen ist.

Was den ersten Beweis betrifft, so beruht er, wie wir oben gesehen haben (S. 36), auf einem Irrthume. Die Giraffe gehört zu den äthiopischen Tributen, die zufälliger Weise gleichzeitig mit den punischen Erzeugnissen in Theben angekommen waren.

Die drei letzt angeführten Uebereinstimmungen sind dagegen, wie ich auch selbst oben hervorgehoben habe (S. 26, Anm.), ganz merkwürdig. Falls sie nicht bloss zufällig sind, so beweisen sie eine gewisse Zusammengehörigkeit des Pun-Volkes mit den genannten afrikanischen Völkern. Für die bestimmte Lage des Landes Pun geben sie indessen keinen Beweis ab. Mariette sagt selbst (Deir-el-bahari, S. 31): „Ce n'est pas à dire, bien entendu, que, de ces fréquents rapprochements entre Poun et le Bongo, il faille conclure que ces deux contrées soient identiques. Le Bongo, qui est dans les terres situées au delà du Nil, ne peut être assimilé à Poun, que nous savons être sur la mer. La seule conclusion que nous puissions admettre, c'est qu'il y avait entre les deux pays une communauté de races et de moeurs dont nous devons dès à présent tenir compte."

Was die Zusammengehörigkeit betrifft, macht es ja keinen Unterschied, ob Pun an der Bab-el-Mandeb-Strasse oder auf der Somali-Küste belegen war; man muss jedenfalls eine Wanderung der Sitten oder der Völker von der Küste nach dem Bongo-Lande annehmen.

Diese auch durch einige Namensähnlichkeiten erhärtete Auffassung Mariette's nahmen Brugsch und andere Gelehrten nachher auf. Davon lenkte aber Dümichen wieder ab, indem er in seiner Geschichte des alten Aegyptens, S. 120 auf zwei in dieser Beziehung wichtige Stellen aufmerksam macht. In der einen wird Pun □ 𓋴 𓈖 𓊪 𓂝 𓏏 𓈙 „das auf beiden Seiten des Meeres gelegene Land Pun" genannt; in der anderen heisst es, dass der Fürst des Puns mit seinen Tributen ◇ ⌒ 𓆑 \\ 𓂓 𓊝 𓏏 „für die beiden Seiten des Meeres"

---

[1] Schweinfurth, Im Herzen von Afrika, I, 323 u. II, 130.

kommt.[1] „Das Gebiet von Pun," fügt Dümichen hinzu, „muss sich also an der afrikanischen wie asiatischen Küste hingezogen haben, diesseits vielleicht die Somaliländer und noch einen Theil von Habesch umfassend, drüben auf der asiatischen Seite über die Districte Südarabiens, über Hadramaut und Jemen und wohl auch noch weiter hinein bis an die Küsten des persischen Meerbusens sich erstreckend."

Ich schliesse mich dieser Meinung an, indem ich vermuthe, dass Pun (in der Volksetymologie ⬜ 𓆱 𓈗 𓉐 „die Pforte") eigentlich das Land der Pforte an der Bab-el-Mandeb-Strasse bedeutet.[2] Doch habe ich Grund zu glauben, dass es ursprünglich nur das südliche Arabien umfasste und damals Ben oder Bun genannt wurde. Nachher aber breitete es sich auch über die afrikanische Seite hin und umfasste somit die beiden Küsten des Meeres, wodurch es, wahrscheinlich einer dialektischen Aussprache zufolge Pun genannt, die volksetymologische Bedeutung Pfortland bekam.

Von der älteren Namensform Ben oder Bun zeugt, vermuthe ich, der alte Volksname 𓏺 𓈖 𓅩 𓏥 Bennu (siehe oben S. 14 fl.), sowie der Name Bennu des Phönixvogels, der ja der Sage nach von Arabien her nach Aegypten gekommen war. Ebenso kann möglicherweise der Name eines Thales hierher gezogen werden, das Vady Bunna heisst und im südlichen Arabien in der Nähe von Aden liegt.[3] Auch der Geograph Ptolemäus kennt in denselben Gegenden eine Localität, die Bana heisst. Dürfen wir einen Zusammenhang zwischen diesen beiden

---

[1] Mariette, Deir-el-bahari, Pl. 5.

[2] In dem oben (S. 23) besprochenen Märchen wird gesagt, dass eine Schlange von 30 Ellen in Pun als König herrschte, und dass die ganze Familie des Königs aus Schlangen bestand. Brugsch bemerkt hierzu (Die altägyptische Völkertafel, S. 69): „Der Schlangenkönig von Punt erinnert an eine in Abessinien verbreitete Romanze vom Schlangenkönig in Axum." Könnten wir noch die Bemerkung des Periplus Maris Erythraei § 30, dass die Insel Sokotora sehr viele Schlangen ἐχίδνας πλείστας hatte, hierher ziehen, so würden wir hier eine Andeutung davon haben, dass Pun an der Bab-el-Mandeb-Strasse zu suchen sei.

[3] Captain S. B. Miles, Account in The Journal of the Royal Geographical Society für 1871, S. 210 ff.

Namen und dem alten Landesnamen Bun sehen, so folgt daraus weiter, dass das Land Bun in dem südlichen Arabien lag. Indessen wurde dies Land auch später, als es sich über die afrikanische Küste erweiterte und den neuen Namen — oder vielmehr die neue Namensform — Pun angenommen hatte, als in Arabien gelegen bezeichnet. In der Hymne an die Sonne, die von Grébaut übersetzt worden ist, wird der Sonnengott

genannt, was Grébaut ganz richtig übersetzt: „Maître du pays des Madjaou, commandant de l'Arabie", indem die Sonne in ihrem Untergang und Aufgang als maître de l'occident und roi de l'orient characterisirt ist.[1] Hier bezeichnet das Volk Madjaou den Westen, Libyen, Pun dagegen den Osten, Arabien.

In einer anderen Stelle derselben Hymne heisst es nach Grébauts Uebersetzung:

„Aiment les dieux son (des Sonnengottes) parfum, lorsqu'il arrive en Pun, prince des rosées, il descend au pays des Madjaou."[2] Hier ist gesagt, dass die Sonne im Lande Pun aufgeht; Pun ist also im Osten von Aegypten gelegen, muss somit Arabien sein, wie auch Grébaut glaubt.

Nehmen wir noch die schon angeführte von Ramses III herrührende Inschrift[3] hinzu, wo mit deutlichen Worten gesagt wird, dass Pun im Osten, also in Arabien lag, so können wir mit voller Gewissheit behaupten, dass Arabien von den Aegyptern nach den Traditionen der alten Zeiten, da Arabien, bestimmter gesagt Süd-Arabien, Bun-Pun hiess, bisweilen auch zu den Zeiten Pun genannt wurde, als Pun thatsächlich nicht nur Arabien, sondern auch einen Theil der afrikanischen Küste umfasste. Die Verwirrung, die dadurch entstand, dass der Name Bun-Pun zuerst das südliche Arabien, nachher das Land auf den beiden Seiten der Bab-el-Mandeb-Strasse, zuletzt missbräuchlicherweise sogar hin und wieder das ganze Arabien bezeichnete,

---

[1] Grébaut, Hymne à Ammon-Ra, S. 60.
[2] Grébaut, Hymne à Ammon-Ra, S. 274.
[3] Lepsius, Denkmäler, III, 210, a.

wird dadurch noch grösser, dass wir Arabien und zwar öfter das ganze Arabien überdiess durch den Namen ⌐ 〒 „das göttliche Land" bezeichnet finden.

Das göttliche oder heilige Land ist von der elften Dynastie ab in den ägyptischen Inschriften oftmals genannt. Wir haben oben (S. 22) gesehen, dass Hannu von seiner Expedition unter Sanchkara „alle Arten von Erzeugnissen, die ich auf den Küsten des heiligen Landes vorgefunden hatte", mit sich zurückbrachte. Während der Name Pun in dieser Inschrift das Land an der Bab-el-Mandeb-Strasse, somit auch und vielleicht hauptsächlich das südliche Arabien bezeichnet, kann „das göttliche Land", so wie Maspéro (Navigations des Égyptiens, S. 8) andeutet, nichts anders als das übrige Arabien sein. Brugsch sagt ausdrücklich (Die altägyptische Völkertafel, S. 68), dass es die Westküste Arabiens ist. In einer Stele des Thotmes III sagt Amon zu diesem Pharao: „Ich kam und gab dir zu schlagen das Land des Ostens, du kamst zu den Gebieten des göttlichen Landes." Hier ist „das göttliche Land" im Osten gelegen. Brugsch führt (Geographische Inschriften, II, 18) eine Inschrift an, in welcher „Amon dem König Ramses II verspricht: Ich gewähre ihre (der Feinde) Tribute, eine Last an Silber, Gold, Lapislazuli und allen Edelsteinsorten des göttlichen Landes." In Lepsius' Denkmäler, III, 210 spricht der Gott Amon: „Ich wende mein Gesicht nach Norden", indem er dem Könige Ramses III „Gold, Silber, Lapislazuli und alle Sorten auserlesener Edelsteine des göttlichen Landes" verleiht. Nach dieser Stelle war „das göttliche Land" gegen Norden hin gelegen; es muss somit, um nicht im Streit mit anderen Angaben zu kommen, als das nördliche Arabien aufgefasst werden; es ist demnach auch hier Arabien, aber bestimmter der Theil von Arabien, der im Norden von dem Lande Pun lag.

Von Ramses IV wird es in einer Felsenstele in Hammamat[1] gesagt, dass er die Strasse zum göttlichen Lande geöffnet hat. Der Weg von Oberägypten nach Arabien ging natürlich durch

---

[1] Lepsius, Denkmäler, III, 219, e, 8.

das Hammamat-Thal. Die Lage des göttlichen Landes scheint eine andere Stele in Hammamat, ebenfalls vom Könige Ramses IV errichtet,[1] noch genauer anzugeben. Es ist nämlich hier die Rede von einem Bau in dem Felsenthale von Buchen [hieroglyphs] „gegenüber dem göttlichen Lande". Da Buchen auf der Strasse lag, die von Koptos nach dem rothen Meere führte,[2] also Arabien gegenüber, so war Arabien natürlich identisch mit „dem göttlichen Lande".

In den Inschriften des Der-el-bahri-Tempels haben wir oben „das göttliche Land" oftmals mit dem Lande Pun verbunden gesehen. Gleich im Anfange heisst es: „Anfang der glücklichen Reise nach dem göttlichen Lande, Ankunft in Frieden in das Land Pun."[3] Das rothe Meer ist in der Planche 5 „das Meer des göttlichen Landes" genannt. Planche 6 führt „die kostbaren Producte des Landes Pun und alle schönen Bäume des göttlichen Landes" an. In der Planche 8 ist es ausdrücklich gesagt, dass Pun in dem göttlichen Lande gelegen war: „das Land Pun des göttlichen Landes". Diese und ähnliche Stellen der Inschriften in Der-el-bahri lassen sich sehr wohl erklären, wenn wir von der obengenannten Annahme ausgehen, dass „das göttliche Land" einfach Arabien im Allgemeinen, Pun aber theils das südliche Arabien, theils die Bab-el-Mandeb-Länder bezeichnet.

Das Vorhergehende zusammenfassend denke ich mir die Sache auf folgende Weise. Bun-Pun war zuerst unter der ältesten Namensform Bun nur das südliche Arabien, von woher das Volk [hieroglyphs] Bennu[4] und der Phönixvogel [hieroglyphs] Bennu nach Aegypten gekommen sind; das übrige Arabien hiess dagegen [hieroglyphs] Nuter to „das göttliche Land". Nachher erweiterte Bun-Pun sein Gebiet über die naheliegende Afrikaküste, und indem es die beiden Küstenländer der Bab-el-Mandeb-Strasse umfasste, wurde es [hieroglyphs] Pun, das „Pfort-

---

[1] Lepsius, Denkmäler, III, 223, c.
[2] Brugsch, Die altägyptische Völkertafel, S. 68 Anm.
[3] Mariette, Deir-el-bahari, Pl. 6, 1, fl.
[4] Oben Seite 15.

land" genannt. Das ganze Arabien wurde indessen bald Pun, bald das göttliche Land benannt, indem der erste Name eine gegen Norden zu, der letzte eine gegen Süden zu erweiterte Bedeutung missbräuchlicherweise bekam.

Der Name Pun wurde doch in der Regel, wenigstens wenn von der Schiffahrt und dem Handel der Aegypter die Rede war, zur Bezeichnung der Länder der Bab-el-Mandeb-Strasse gebraucht. Dies musste auch nothwendig der Fall sein, wenn Pun wirklich die Bedeutung von Pfortland hatte, wie ich oben vermuthet habe.

Das Land Pun war durch seine Lage von der Natur zu einem Handelsland bestimmt. Heeren, der ausgezeichnete deutsche Forscher, sagt:[1] „Die Natur selber hat dem Verkehr jener Nationen auf eine merkwürdige Weise vorgearbeitet. Sie stattete die eine Hälfte der Länder des Südens mit Schätzen aus, welche die andere nicht hatte, und doch nicht entbehren konnte. Allerdings beweist dies Bedürfniss einer Handelsverbindung noch ihre Wirklichkeit nicht; allein jeder historische Grund für die letztere erhält ohne Zweifel ein viel grösseres Gewicht durch das erstere; und schon deshalb ist es nöthig, dabei etwas länger zu verweilen.

Unter den Ländern des Südens verstehen wir hier die diesseitige Halbinsel Indiens nebst Ceylon auf der einen, und das glückliche Arabien nebst Aethiopien auf der andern Seite. Indien gehört zu den productenreichsten Ländern der Welt, wie bereits anderswo gezeigt ist,[2] und war und ist eben deshalb eins der ersten, oder vielmehr das erste Handelsland. Ausser den Waaren zur Bekleidung, die es mit andern Ländern theilt, gab die Natur ihm allein jene so gesuchten Gewürze, den Zimmet und Pfeffer. In kältern Regionen werden diese ein Gegenstand des Luxus; unter dem brennenden und zugleich feuchten Himmel der südlichen Zone sind oder werden sie Bedürfniss, wenn die

---

[1] A. H. L. Heeren, Ideen über die Politik, den Verkehr und den Handel, II, 1, 395 ff.
[2] Man sehe die Untersuchungen über die Asiatischen Völker.

Natur der Fäulniss widerstehen soll; und keins der dortigen Völker kann sie mehr entbehren, wenn es sie einmal hat kennen lernen.

Zwar durch ein offnes Meer von Indien getrennt, aber doch von der Natur selber auf eine wunderbare Weise damit in Verbindung gesetzt, ist Yemen, oder das glückliche Arabien. Die Hälfte des Jahrs vom Frühling bis zum Herbst wehen hier regelmässig die Winde,[1] welche den Schiffer von Arabien nach Indien, die andere Hälfte vom Herbst bis zum Frühjahr diejenigen, die ihn zurück von Indien nach Arabien führen.[2] Ein fast immer heitrer Himmel bietet ihm die Gestirne zu Wegweisern dar, und überhebt ihn der Mühe längst den Küsten hinzuschleichen. Wenn Yemen von der Natur keine Gewürze erhielt, so empfing es dagegen andre, nicht weniger kostbare, Waaren. Es war, wenn nicht ausschliessend, doch vorzugsweise, das Vaterland des Weihrauchs, der Myrrhen und andrer köstlichen Räucherwerke. Wenn die Reinigung der Luft in jenen heissen Ländern durch Wohlgerüche aus ähnlichen Ursachen wie der Genuss der Gewürze zu der Erhaltung der Gesundheit Bedürfniss ist, so verdoppelte die Religion noch den Werth jener Erzeugnisse. Nicht leicht gab es ein auch nur halb cultivirtes Volk der alten Welt, das ohne Weihrauch seinen Göttern seine Gaben dargebracht hätte.

Das östliche Afrika theilte, indem es gleichfalls Weihrauch erzeugt, in einem gewissen Grade diese Schätze mit Yemen; aber es bot auch andre dar, die diesem Lande wie Indien fehlten, und ohne welche es doch an einem Mittel zum Austausch mangelte: das Gold. Wenn die diesseitige Indische Halbinsel dieses Metall gar nicht, und Arabien nur vielleicht,[3] und gewiss nur sparsam lieferte, so enthielt dagegen das östliche Afrika

---

[1] Die sogenannten Monsoons, die man nicht mit den, stets unveränderlichen, Passatwinden der andern Meere zwischen den Wendecirkeln verwechseln muss.
[2] Jene Südwest, diese Nordostwinde.
[3] Die alten Schriftsteller geben dem glücklichen Arabien Gold als eignes Erzeugniss. Jetzt findet es sich dort nicht; und die Sache bleibt also immer zweifelhaft.

die Goldländer, die man noch jetzt zu den reichsten der Erde zählt.

Nimmt man diese Umstände zusammen, so sieht man leicht ein, dass vielleicht keine andere Hauptländer der Erde so viele Veranlassung zu wechselseitigem Verkehr hatten; und dass dieser, wenn er statt fand, nirgends leicht gewinnreicher sein konnte als hier."

Und diese Worte Heerens sind nicht leere Phrasen. Der bekannte Geograph, der zu den Zeiten des Kaisers Augustus lebte, erzählt von dem Reichthum der Sabäer, die im südlichen Arabien lebten:[1] „Sie und die Gerrhäer sind durch den Handel die reichsten von allen arabischen Nationen geworden. Fast alle ihre Geräthschaften, Bettstellen, Dreifüsse, Becher mit den darauf gehörigen Stürzen, machen sie aus Gold und Silber, und ihre Häuser machen sie sich sehr kostbar, indem sie sich Wände, Thüren und Dächer mit Elfenbein, Gold, Silber und Edelsteinen auf mancherlei Weise verzieren."

Das Land an der Strasse von Bab-el-Mandeb war nach allen Zeugnissen in den ältesten Zeiten ein Mittelpunkt für den indisch-äthiopisch-ägyptisch-arabisch-phönikischen Handel. Hier waren die Hauptstapelplätze für den eigentlichen Welthandel, so wie er sich in jenen Zeiten gestaltete. Hier wurden an verschiedenen Stellen, aber wohl meist auf der arabischen Seite, wie in dem heutigen Aden (von den Griechen Eudaimon genannt) die Reichthümer des Südens und Nordens aufgehäuft, meistens Naturproducte von den fruchtbaren Gegenden Indiens und Aethiopiens, Kunst- und Industrie-Erzeugnisse dagegen von den Culturländern des Nordens, und von andern Händen wurden sie weiter befördert, die Waaren des Südens nach Norden und die des Nordens nach Süden. Diese Stapelplätze waren somit, um es näher zu bestimmen, Mittelstationen und die hier wohnenden Leute Vermittler, d. h. wirkliche Kaufleute, die die angekommenen Handelswaaren empfingen und absandten, indem sie doch natürlicherweise mitunter und im Laufe der Zeiten nach Um-

---

[1] Strabonis Geographica, P. 778.

ständen öfter und weiter auch selbst auf Reisen gingen um die Waaren entweder aufkaufen und abholen oder verkaufen und abliefern zu können. Strabo, der die Verhältnisse im Anfang unserer Zeitrechnung schildert, sagt:[1] „In den vorigen Zeiten wagten es kaum zwanzig Schiffe ausserhalb der Meerenge des arabischen Busens hinaus zu segeln; jetzt hat sich dieses so geändert, dass auch ganze Flotten bis nach Indien und den äussersten Spitzen von Aethiopien gehen und von da reich beladen mit allerhand kostbaren Waaren nach Aegypten zurückkommen, und von da aus weiter versendet werden." Und ein anderer griechischer Verfasser, der etwa um dieselbe Zeit lebte und eine sachverständige Beschreibung der Länder des rothen Meeres gegeben hat, erzählt[2] von der Stadt Aden, welche er Eudaimon nennt, folgendes: „Eudaimon aber wurde der Flecken genannt, der früher, wie man noch nicht von Indien nach Aegypten fuhr, noch auch von Aegypten in die entfernter gelegenen Orte zu segeln wagte, sondern nur bis hierher gelangte, eine Stadt war, welche die von beiden Seiten kommenden Waarenexporte aufnahm, ebenso wie Alexandria sowohl die von auswärts als auch die aus Aegypten herbeigebrachten Waaren aufnimmt."

Dies an der Strasse von Bab-el-Mandeb gelegene Land, wo der Welthandel den griechischen Nachrichten zufolge seine Stapelplätze und Mittelstationen hatte, war nun, wie gesagt, ohne Zweifel dasselbe, welches wir auf den ägyptischen Denkmälern unter dem Namen Bun-Pun wiederfinden. Das gegenwärtige Aden hat in diesem Handel wohl zu allen Zeiten, jedenfalls was den indischen Zweig desselben betrifft, eine hervorragende Rolle gespielt; es war aber nicht und kann nicht die einzige Stelle gewesen sein, wo die Waaren aufgestapelt waren. Wie der genannte Periplus mehrere Handelsstädte wie Muza, Okelis und Eudaimon-Aden an der arabischen Küste, und Adulis, Aualites, Malao, Mundu, Mosyllon, Pano, Opone und andere an der afrikanischen Seite anführt, so muss es auch in den älteren Zeiten mehrere

---

[1] Strabonis Geographica, P. 798.
[2] Anonymi Periplus Maris Erythraei, § 26.

Küstenstädte auf den beiden Seiten des arabischen Meeres gegeben haben, zu welchen Waaren aus dem Innern Arabiens und Afrikas geführt wurden. Hier war ein ganzes Handelsland, das sich auf beiden Seiten der Strasse von Bab-el-Mandeb in ziemlich bedeutender Ausdehnung ausbreitete, ein Land, welches in Beziehung auf seinen Umfang und seine äusseren Grenzen etwa mit dem Handelslande zusammenfällt, das die alten Aegypter unter dem Namen Pun kannten.

Zu demselben Resultate kommen wir, wenn wir Rücksicht auf die Waaren nehmen, die Gegenstand des altägyptischen Handels nach Pun waren, und sie mit denen vergleichen, welche unter den Ptolemäern und den römischen Kaisern über die Strasse von Bab-el-Mandeb verhandelt wurden. In den ältesten Zeiten wurde hauptsächlich Tauschhandel betrieben; es ist deshalb von Wichtigkeit, die Waaren kennen zu lernen, welche Aegypten ausführte, und diejenigen, welche es einführte.

In einer Darstellung des Tempels von Dêr-el-bahri[1] heisst es, dass der pharaonische Gesandte dem Fürsten Puns alle schönen Sachen, die Aegypten erzeugte, als Gabe brachte, und dem beigefügten Bilde nach bestanden dieselben sowohl in Schmucksachen, z. B. Perlenschnüren und verschiedenen Arten von Ringen, als in Waffen, wie Aexten und Speeren. Aegypten bringt also die Producte seiner Kunst und Industrie als Gaben, während der Punierfürst seinerseits die Erzeugnisse seines Landes zum Geschenk macht. In dem oben (S. 54) erwähnten Seemärchen[2] wird ebenfalls erzählt, dass der Reisende dem punischen Schlangenfürsten zur Belohnung seiner Gastfreundschaft „alle Wunder Aegyptens" als Gaben zu schicken verspricht, wodurch natürlicherweise die in den Augen der Halbwilden kostbaren Gegenstände gemeint sind, die in dem mehr civilisirten Aegypten verarbeitet wurden. Die Ausfuhrartikel sind indessen nicht besonders specificirt; für den ägyptischen Leser verstanden sie sich von selbst, weshalb ein ausführliches Verzeichniss wohl als überflüssig

---

[1] Mariette, Deir-el-bahari, Pl. 5.
[2] Golénischeff, Sur un ancien Conte égyptien.

angesehen wurde. Für den ägyptischen Nationalstolz war es ausserdem eine Genugthuung, dass die Ausländer ohne oder doch nur gegen geringen Ersatz ihre Waaren als Tribute oder zur Huldigung des mächtigen Pharaos brachten. Von den Einfuhrartikeln geben dagegen die Inschriften besseren Bescheid. Es waren nämlich zuvörderst Räucherwerke von verschiedener Art, die Aegypten in grossen Mengen beim Dienste der Götter gebrauchte. Hieran hatten das südliche Arabien und die gegenüber liegende Küste Afrikas grossen Ueberfluss, die Länder, welche Pun ja eben umfasste. Es ist daher natürlich, dass wir Räucherwerke in vielen Arten und grossen Quantitäten unter den punischen Artikeln finden. In dem ältesten bekannten Berichte einer Expedition nach Pun, nämlich der des Hannu unter dem Könige Sanchkara, heisst es ausdrücklich, dass die Expedition vorgenommen wurde um dem Pharao das Antirauchwerk, welches die Fürsten Puns in „dem von Bäumen bewachsenen Lande" gesammelt hatten, zu bringen. Durch Bäume werden hier ohne Zweifel die verschiedenen Rauchwerk tragenden Bäume Arabiens verstanden, wie der Balsambaum (Balsamodendron, Balsamea Myrrha), der Weihrauchbaum (Boswellia) und viele andere wohlriechende Gewächse und Kräuter, welche die Luft dort mit einem beinahe betäubenden Wohlgeruch füllen. Das in der Inschrift genannte Antirauchwerk war, wie man annimmt, der Weihrauch, der in den Tempeln und bei allerlei Opfern gewöhnlich zur Räucherung verwandt wurde. Der Antiweihrauch spielte auch eine hervorragende Rolle unter den Gegenständen, die durch die grosse punische Expedition unter der Königin Hatasu nach Aegypten gebracht wurden. Der Führer der Expedition, der pharaonische Gesandte, schlug, wie es heisst, sein Lager auf den Terrassen des Antiweihrauches im Lande Pun auf. Ebenso wurden frische Antibäume (Anti-Sykomoren) in ihren Kübeln an Bord der Schiffe gebracht um nach Aegypten geführt und da wieder eingepflanzt zu werden. Durch diesen Akklimatisationsversuch, gewiss den ersten, den die Geschichte kennt, wollten die Aegypter sich in Bezug auf den Antiweihrauch, der für sie von so grosser Wichtigkeit war, von dem Auslande vermuthlich unabhängig machen. In einer anderen Darstellung des Tempels von Dêr-el-bahri[1] erhalten wir indessen sowohl inschriftlich als zum Theil bildlich die vollständigste Angabe der Gegenstände, die bei dieser Gelegenheit nach Aegypten geführt wurden. Es waren Haufen von Anti-Gummi, frische Anti-Bäume, Ebenholz, Elfenbein, Gold, Ta-as-Baum, Chesit-Baum, Ahem-Metall, Balsam, Augensalbe (Stibium), zwei Affenarten, Hunde, Leopardenfelle sammt Menschen, vielleicht Sklaven.

Die Darstellung in dem Grabe des Statthalters Rechmara[2] nennt die Gegenstände, welche König Thotmes III von dem Lande Pun erhielt, nämlich Anti-Weihrauch, Asem-Gold, Leopardenfelle, Elfenbein, Ebenholz, lebende Affen und Leoparden, frische Anti-Bäume in Kübeln, Strausseneier und Straussenfedern. Dieselben Producte kehren bald hier, bald dort in den späteren Inschriften wieder; es sei nur bemerkt, dass Gummi[3] als eine trockene Substanz, z. B. unter Ramses III, unter den Producten Puns aufgeführt wird.

Jetzt werden wir sehen, welche Producte Aegypten durch seinen Handel mit den Ländern an der Strasse von Bab-el-Mandeb unter den Ptolemäern und Römern aus- und einführte. Der vorhin genannte Periplus giebt hierüber vollständige Auskunft. Derselbe ist in griechischer Sprache, wahrscheinlich von einem in Aegypten wohnenden Kaufmanne, im ersten nachchristlichen Jahrhunderte verfasst, und der Verfasser hat jedenfalls die Gegenden, welche er beschreibt, grösstentheils selbst bereist.

Nach § 6 nun dieses Werkes wurden in die Stadt Adulis und andere in der Nähe der Strasse von Bab-el-Mandeb liegende Orte folgende Gegenstände eingeführt, die also zum Theil Ausfuhrwaaren aus Aegypten waren: „Ungewalkte Ueberwürfe für die Barbaren, die in Aegypten gefertigt werden, Arsinoitische Stolen, unechte gefärbte Abollen, doppeltgesäumte Linnenzeuge,

---

[1] Mariette, Deir-el-bahari, Pl. 6.
[2] Cfr. oben S. 38.
[3] Nicht nur Anti-Gummi, sondern auch Gummi im allgemeinen; wahrscheinlich war das erstgenannte eine besondere Gummiart.

mehrere Arten von Glas und anderen murrhinischen Gefässen, die in Diospolis gefertigt werden, künstlich bereitetes Messing, das man zum Schmucke und zum Zerschneiden statt Münze gebraucht, weissgelbliche Kupferbarren, sowohl zum weiteren Schmelzen, als auch zum Zerschneiden für Arm- und Schenkelbänder für manche Frauen, und Eisen, das zu Lanzenspitzen gegen die Elephanten und übrigen wilden Thiere, wie gegen die Feinde verwendet wird. Ebenso importirt man kleine Beile, Holzäxte, Dolche, grosse runde Becher aus Kupfer, wenige Denare für die sich dort aufhaltenden Fremden, laodikenischen und italischen Wein in nicht grosser Masse und nicht viel Oel; für den König aber silberne und goldene Gefässe, nach dort einheimischer Form gearbeitet, und von Kleidern Abollen und persische Pelze, zwar einfache, aber von keinem grossen Werthe. Ebenso von den inneren Gegenden Ariakes indisches Eisen, Stahl, indische baumwollene Gewebe und zwar breitere, Molochinen genannt und Sagmatogenen, Gurte, persische Pelze, baumwollene Gewänder in geringer Anzahl und mit Lackfarbe getränkte baumwollene Zeuge. Ausgeführt aber wird aus diesen Orten Elfenbein, Schildkröten und Nashornhörner."[1]

Auf ähnliche Weise führt der Periplus die Ein- und Ausfuhrwaaren in allen Küstenhäfen des rothen Meeres an. Rings herum in den Ländern an der Strasse von Bab-el-Mandeb sind die Einfuhrwaaren, d. h. die von Aegypten eingeführten Waaren, dieselben wie in Adulis; die Ausfuhrwaaren dagegen sind verschieden, da sie natürlicherweise aus den Producten des umliegenden Landes bestehen. Hier einige Beispiele. Aus Malao wurde ausgeführt[2] „Myrrha, der jenseitige Weihrauch in geringem Quantum, Zimmt in härterer Sorte, Duaka, Kankamon und Makeir, die nach Arabien importirt werden, und bisweilen Sklaven." Aus Mosyllon wurde exportirt[3] „eine sehr grosse Masse Zimmt (deshalb bedarf auch dieser Handelsplatz grösserer Fahrzeuge), an-

---
[1] Ich benutze die Ausgabe und die Uebersetzung von B. Fabricius, Der Periplus des Erythräischen Meeres von einem Unbekannten, Leipzig 1883.
[2] Der Periplus § 8.
[3] Der Periplus § 10.

dere Wohlgerüche, Weihrauch und Spezereien, Schildkröten in geringerem Quantum, Räucherwerk des Makrotos, das geringeren Werth hat als das Munditische, und der jenseitige Weihrauch, Elfenbein aber und Myrrha nur spärlich." Aus Rhapta, dem letzten hier genannten Handelsplatze auf der Ostküste Afrikas, wurde ausgeführt[1] „sehr viel Elfenbein, Nashornhörner, Schildkrot, ausgezeichnet nächst dem indischen, und ein geringes Quantum Kokosöl."

Dies Alles sind Producte, die auf der Ostküste Afrikas zu Hause sind. Auf alten Karten[2] wird die Küstenstrecke Afrikas gleich im Süden der Strasse von Bab-el-Mandeb die myrrhatragende genannt (Regio myrrifera), danach kommt die rauchwerktragende (Regio thurifera) und endlich die zimmttragende (Regio cinnamomifera); es ist somit ganz in der Ordnung, wenn wir unter den hiesigen Ausfuhrartikeln viele Arten Räucherwerk genannt finden. An der Küste lebt die Schildkröte und im Inneren der Elephant und das Rhinoceros, und wirklich finden wir, dass die kostbaren Producte dieser Thiere von hier aus in grosser Menge ausgeführt wurden, wie auch einmal Sklaven genannt sind, die ja zu allen Zeiten einer der wichtigsten Ausfuhrartikel Afrikas waren.

Aus den gegenüber liegenden südarabischen Orten wurden besonders Räucherwerk und andere aromatische Sachen ausgeführt; so aus Muza[3] „ausgezeichnete Myrrha, auch in Tropfenform, die abeiräische und mināische, weisser Marmor und alle früher erwähnten Waaren aus dem gegenüber gelegenen Adulis;" und ebenso von den andern Orten. Der arabische Weihrauch scheint doch von vorzüglicherer Qualität als der afrikanische gewesen zu sein; jedenfalls wird bemerkt, wie wir sahen, dass die Myrrha von Muza ausgezeichnet war. Indessen finden sich auch zum Theil dieselben Waaren, da die Orte der beiden Küsten in lebhaftem Verkehr mit einander standen und gegenseitig ihre Producte austauschten. Wie doch die arabische Bevölkerung wahr-

---

[1] Der Periplus § 17.
[2] Geographi Græci minores, ed. C. Mullerus, Tabulæ, Pl. XII.
[3] Der Periplus § 24.

scheinlich mehr civilisirt als die afrikanische war, scheinen auch die arabischen Handelsstädte grösser und bedeutender als die afrikanischen gewesen zu sein und theilweise als Sammlungs- und Stapelplätze der afrikanischen Waaren gedient zu haben, was auch desshalb wahrscheinlich ist, weil die arabische Küste für den übrigen Handel, namentlich den indisch-ägyptischen, gelegener und mehr central lag als die afrikanische.

Vergleichen wir den im Periplus ausführlich und sachkundig beschriebenen Handel in den Ländern der Bab-el-Mandeb-Strasse unter den Ptolemäern und den römischen Kaisern mit dem, den die alten Aegypter in Pun trieben, so finden wir eine grosse und durchgehende Uebereinstimmung namentlich in Bezug auf die verhandelten Waaren. Es sind dieselben Ein- und Ausfuhrartikel. Die alten Aegypter führten nach Pun Schmucksachen, Waffen und „alle Wunder Aegyptens", d. h. Erzeugnisse der ägyptischen Kunst und Industrie aus, und dieselben Waaren schickten die späteren Aegypter, vielleicht ein wenig besser assortirt, nach den Ländern an der Strasse von Bab-el-Mandeb. Dies hat doch nicht viel zu bedeuten, da die Aegypter ja, wenn sie überhaupt Handel treiben und Ausfuhrartikel haben wollten, ihre eigenen, d. h. ägyptische Erzeugnisse ausführen mussten, nach welcher Richtung auch ihr Handel sich erstreckte, besonders in jenen alten Zeiten, in denen, wenigstens für die Aegypter, kaum von einem Transithandel die Rede sein kann.

Anders verhält es sich dagegen mit den Waaren, welche die Aegypter aus Pun einführten. Es waren Räucherwerk und wohlriechende Sachen aller Art, Ebenholz, Elfenbein, Perlmutter, Gold, Affen, Leopardenfelle und Sklaven, d. h. Waaren, welche wir entweder unter den Einfuhrartikeln der späteren Aegypter aus den Ländern an der Strasse von Bab-el-Mandeb wiederfinden, oder die ohne Zweifel dort besonders zu Hause waren. Zwar ist die Schildkröte öfters unter den späteren Einfuhrartikeln, nicht aber unter den früheren genannt; aber die Darstellungen des Tempels von Dêr-el-bahri zeigen,[1] dass die Schildkröte im Meere Puns lebte und also von dort aus hätte eingeführt werden

---

[1] Siehe oben S. 27.

können, wenn man damals in jenen Gegenden sie zu fangen und nutzbar zu machen verstanden hätte. Auf der andern Seite sind ein paar Affenarten unter den Gegenständen aufgeführt, die in der ältesten Zeit aus Pun geholt wurden; sie werden aber nicht im Periplus erwähnt, aber vielleicht nur aus Vergesslichkeit oder durch Zufall; denn Agatharchides, der seine Beschreibung des rothen Meeres c. 150 v. Chr. verfasste, erzählt (§ 73), dass verschiedene Affenarten von dem Lande der Troglodyten und von Aethiopien nach Alexandria eingeführt wurden. Perlmutter bekamen die alten Aegypter aus Pun, und sie wird noch heute von dem südlichen Arabien ausgeführt.[1] Ferner wird Gold unter den früheren, aber nicht unter den späteren Einfuhrartikeln genannt; allein diese Abweichung ist unerheblich, da wir bestimmt wissen, dass die Länder an der Strasse von Bab-el-Mandeb in alten Zeiten Gold ausführen konnten. Ich werde über diesen Punkt ausführlicher sprechen, wenn ich auf den Handel Ofirs zu reden komme.

Die vollständige Uebereinstimmung, die namentlich zwischen den Einfuhrartikeln Statt findet, welche Aegypten in den alten Zeiten von Pun bekam, und denen, welche es in den späteren von den Ländern der Bab-el-Mandeb-Strasse bezog, liefert, glaube ich, den letzten und entscheidenden Beweis dafür, dass Pun die Küstengegenden auf den beiden Seiten der Bab-el-Mandeb-Strasse umfasste, ein Resultat, das in der besten Harmonie mit den Resultaten steht, zu denen wir durch Betrachtung der Sache von anderen Seiten und Gesichtspunkten gekommen sind.

¶ Auf das Vorhergehende gestützt können wir wohl getrost behaupten, dass der Handel mit Pun, so wie er auf den ältesten ägyptischen Denkmälern beschrieben wird, derselbe nur in einem früheren Stadium war, wie der von den griechischen Geographen, von Agatharchides und von Periplus beschriebene Handel über das rothe Meer und die Strasse von Bab-el-Mandeb unter den

---

[1] Barbier de Meynard, Notice sur l'Arabie méridionale in Publications de l'École des langues orientales vivantes, IIe serie, Vol. IX, S. 111: „Les habitants de Loheïa exportent des perles, de la nacre et de l'écaille qu'ils tirent de la mer."

Die Lage des Landes Pun.

Ptolemäern und den römischen Kaisern. Beide bildeten einen Seehandel und den Welthandel ihrer Zeit. Bevor ich aber diesen Punkt verlasse, will ich auf einen wichtigen Umstand aufmerksam machen, der unzweideutig darauf hinweist, dass jener alte Handel Puns in Wirklichkeit ein Welthandel war. Ich meine das merkwürdige Factum, dass einige der wichtigsten Artikel dieses Handels in allen oder den meisten Sprachen der in Betracht kommenden Völker den gleichen Namen haben.

Ich lasse hier die Wörter folgen:

1. Hieroglyphisch [glyphs] āb, ābu Elephant; [glyphs] āb Elfenbein;

   Koptisch **εβοτ** Elephant; **ειβ, ιηβ,** unguis, das Horn, Elfenbein;

   Sanskrit ibha Elephant;

   Hebräisch אַבֶּה ibah, nur Pl. ibim (Fürst) Elephant; שֶׁנְהַבִּים ὀδόντες ἐλεφάντινοι;

   Assyrisch habba nach Rawlinson (Gesenius, Thesaurus 1454);

   Griechisch ἐλ-έφας, Elephant (vielleicht der arabische Artikel und eph oder eb);

   Lateinisch ebu-r Elfenbein.

   Hier haben wir dasselbe Wort ab, eb, ib für den Elephanten oder das Elfenbein.

2. Hieroglyphisch [glyphs] kefu, cynocephalus (cercopithecus, Brugsch);

   Sanskrit kapi Affe;

   Hebräisch קוֹף Pl. קוֹפִים qôf Affe;

   Griechisch κῆπος Affe;

   Lateinisch cepus Affe.

3. Hieroglyphisch [glyphs] heben Ebenholz;

   Hebräisch הֹבֶן, הָבְנֵי hobn, Pl. hobnim Ebenhölzer;

   Griechisch ἔβενος Ebenholz;

   Lateinisch hebenum Ebenholz;

   Deutsch Eben-holz;

   Arabisch, Persisch und Hindostani آبنوس ābnus Ebenholz.

4. Hieroglyphisch ⌂ 𓏘𓏘𓏘 ||| qmi Gummi;
Griechisch κόμμι Gummi;
Lateinisch Gummi.

5. Hieroglyphisch 𓏴𓈖𓏭 ° mestem Augensalbe;
Koptisch ⲥⲧⲏⲙ, stêm Stibium;
Griechisch στίμμι Stibium;
Lateinisch Stibium.

Da diese Uebereinstimmung auf keine andere Weise erklärt werden kann, als dass die Benennungen gleichzeitig mit den Waaren in Umlauf gesetzt worden sind, so ist man zu dem Schlusse berechtigt, dass die Völker, welche dieselben Benennungen haben, auch in unmittelbarer Handelsverbindung mit einander standen. Das Land an der Strasse von Bab-el-Mandeb, zunächst wohl die östliche oder arabische Küste, war der Punkt, wo die Aegypter, Semiten und Inder am leichtesten mit einander in unmittelbare Berührung treten konnten; hier war das Centrum des frühesten Welthandels, und hier bekamen die Waaren ihre Weltbenennungen. Wie wir sonst wissen, waren es ohne Zweifel die Phöniker, die als das eigentliche Handelsvolk das wichtigste Mittelglied dieses Handels über die Strasse von Bab-el-Mandeb und das rothe Meer bildeten; da sie zugleich in einer späteren Zeit den Handel auf dem Mittelmeere vermittelten, so können nur sie es sein, welche auf ein Mal sowohl die Waaren als die Benennungen derselben zu den griechischen und italischen Völkern brachten.

Für unseren gegenwärtigen Zweck genügt es die Identität der genannten Waarennamen constatirt zu haben, und es kann uns somit eigentlich gleichgültig sein, wo die Benennungen zuerst entstanden sind, und wo die Wörter ihre ursprüngliche Heimath hatten. Da diese Frage indessen in anderen Beziehungen von einigem Interesse ist und wohl auch zum Theil die Geschichte des alten Handels angeht, so will ich sie mit einigen wenigen Worten berühren.

Der Elephant kommt wie bekannt sowohl in Afrika als in Indien vor, das Elfenbein muss somit entweder von Afrika oder von Indien, oder von den beiden Gegenden zugleich in den Handel gekommen sein. Es fragt sich also, ob die gemeinsame Benennung für Elfenbein ägyptisch oder indisch sei. Von den ägyptischen Denkmälern lernen wir, dass das Elfenbein lange Zeiten hindurch vom inneren Afrika als Tribut oder Handelswaare nach Aegypten gebracht worden ist, und im Periplus wird es, wie wir gesehen haben, unter den Ausfuhrartikeln der daselbst genannten afrikanischen Häfen aufgeführt. Auch sprechen Agatharchides (§ 53 ff.), der Periplus (§ 4), Plinius (Hist. natur. VI, 35) und andere Schriftsteller von Elephantenjagden im Inneren Afrikas, welche theils des Fleisches und theils der Zähne oder des Elfenbeins wegen vorgenommen wurden. Weiter ist das afrikanische Elfenbein, wie bekannt, das beste, so wie auch der grosse afrikanische Continent natürlich einen grösseren Ueberfluss davon hat als Indien, wo überdies der Elephant als Hausthier, nicht des Elfenbeins wegen gehalten wird.[1] Wenn nun hierzu kommt, dass das ägyptische Wort āb für den Elephanten und das Elfenbein sich auf alten ägyptischen Denkmälern wiederfindet, so z. B. in dem Tempel von Dêr-el-bahri aus der Zeit der Königin Hatasu (cr. 1500 v. Chr.), während das entsprechende indische Wort ibha, wenigstens in der Bedeutung „Elfenbein", der ältesten Sanskritliteratur nicht angehört,[2] so haben wir allen Grund anzunehmen, dass das ägyptische Wort das älteste und ursprüngliche war.

Dasselbe war aller Wahrscheinlichkeit nach auch mit der gemeinsamen Benennung für Ebenholz der Fall. Das ägyptische heben kann weit hinauf in die alte Zeit verfolgt werden,[3] und

---

[1] Quatremère sagt (Mémoire sur le pays d'Ophir in Mémoires de l'Institut de France, Académie des inscriptions et belles lettres, T. XV, II, 374): Les éléphants dans cette partie du monde (in Afrika) ne sont pas, comme dans l'Inde, attirés dans des piéges et pris vivants, pour être ensuite apprivoisés, et employés comme monture des grands, ou pour porter de lourds fardeaux. Les nègres qui font à cet énorme quadrupède une guerre acharnée, n'ont pour but que de le tuer, afin de lui enlever ses défenses, qui deviennent l'objet d'un trafic considérable.
[2] Vergl. dagegen Lassen, Indische Alterthumskunde, I, 304 u. 314.
[3] V. Loret hat dies in einem interessanten Artikel: L'ébène chez les anciens Égyptiens in Recueil des travaux etc. VI année, p. 127 nach-

findet sich im Hebräischen, Griechischen, Lateinischen und den meisten neueuropäischen Sprachen wieder; im Sanskrit kommt es nicht vor, aber in den indischen Volkssprachen, z. B. im Hindostani, wird das persisch-arabische ābnus gebraucht,[1] welches Wort indessen, nach der Form zu schliessen, kaum etwas anderes als das griechische ἔβενος sein kann. Die Priorität muss also dem ägyptischen heben zugestanden werden. Zwar heisst es, dass das Ebenholz nur in Ostindien, auf Madagaskar und Mauritius vorkommt, und einige Botaniker versichern, dass es in Afrika nicht zu Hause sei. Vielleicht aber ist hierüber ein Zweifel gestattet. Es giebt ja überhaupt viele Arten von Ebenholz, und die Species, welcher der Name heben gegeben worden ist, muss ohne Zweifel ursprünglich von Afrika her gekommen sein. Die ägyptischen Monumente zeigen uns nämlich erstens sehr häufig dass die vom inneren Afrika nach Aegypten kommenden Neger auf ihren Schultern schwarze Ebenholzblöcke tragen; sodann erzählt Herodot (III, 114), dass das südwestliche Aethiopien unter andern Producten auch das Ebenholz erzeuge; ferner sagt Plinius, dass im südlichen Aethiopien die Wälder von Ebenholzbäumen grün sind (Hist. natur. VI, 35: Silvae hebeno maxime virent); Dioscorides (De materia medica, I, 129) spricht von dem äthiopischen Ebenholz, das besser ist als das indische, und endlich lesen wir in dem Werke des arabischen Geographen Edrisi,[2] dass der Ebenholzbaum in dichten Wäldern an den Ufern des Nils wächst, da wo er von Ost nach West zu fliesst, (vielleicht meint er einen Nebenfluss des Nils oder einen der Zuflüsse nach dem Tsad-See im Sudan) so wie auch, dass die Bevölkerung Sudans Keulen von Ebenholz mit grosser Kunst und Tüchtigkeit verfertigt. Dass der Ebenholzbaum, wenigstens

---

gewiesen. In dem Grabe des Ti, der in der Mitte der fünften Dynastie (also cr. 2700 v. Chr.) lebte, kommen mehrere Gegenstände von schwarzem Ebenholz (heben) verfertigt vor. Auch sonst in den Denkmälern des alten Reiches ist es häufig genannt.

[1] Shakspeare, Dictionary Hindustani, wo ābnus als ein persisches Wort aufgeführt ist.

[2] Description de l'Afrique et de l'Espagne par Edrisi, par Dozy et Goeje, I, 5.

Die Lage des Landes Pun.

eine Art desselben, nicht in Afrika wächst, ist somit wahrscheinlich eine unrichtige Behauptung, und man könnte versucht sein anzunehmen, dass sie einer unkritischen Benutzung einer Stelle Virgils entsprungen [ist, wo es heisst, dass Indien allein das schwarze Ebenholz trägt (Virgilii Georgicon, II, 116: Sola India nigrum fert ebenum). Ein Dichter aber, der in demselben Athemzuge behauptet, dass der Weihrauch nur in Arabien wächst (Georgicon, II, 117: Solis est turea virga Sabaeis), da er doch auch anderswo, z. B. in Afrika in grossen Mengen vorkommt, kann nicht als Autorität in dieser Beziehung angesehen werden.[1] Ich nehme daher an, dass G. A. v. Kloeden Recht hat, wenn er (Handbuch der Erdkunde, I, 3. Aufl., Berlin 1873, S. 1099) sagt: „Es ist nicht ganz sicher, von welchem Baume das echte Ebenholz kommt; am wahrscheinlichsten ist es, dass es von Diospyrus Ebenum und melanoxylon herrührt, welcher im südöstlichen Asien, namentlich in Ost-Indien, und im tropischen Afrika wächst ..... Auch das afrikanische Ebenholz ist schwarz, mit einem weissen Flecke, und das sehr schöne gefleckte hat schwarzen Grund mit braunen und gelben Flecken." Jetzt sehe ich zum Ueberflusse, dass auch die neueren Afrikareisenden Ebenholz in Afrika gefunden haben, z. B. Livingstone und der deutsche Missionär Krapf.[2] Zuletzt füge ich noch hinzu, dass der hervorragende Naturforscher R. Hartmann Ebenholz unter den Ausfuhrartikeln Afrikas aufführt.[3] Alles scheint demnach dafür zu sprechen, dass es das afrikanische Ebenholz ist, welches über die Strasse von Bab-el-Mandeb unter dem ägyptischen Namen heben auf den Weltmarkt gebracht wurde.[4]

---

[1] Dass die Worte Virgil's durch Erklärung verbessert werden können, brauchen wir hier nicht zu berücksichtigen.
[2] Es heisst in The last Journals of David Livingstone by H. Waller, I, 194: „Ebony and lignum vitæ abound", zwar ist es nicht bestimmt gesagt wo, aber nach der beschriebenen Reiseroute muss es in der Strecke zwischen Zambesi und dem Tanganjika-See gewesen sein. Ebenso sagt Krapf in Travels, researches etc. in Eastern Africa, S. 270: „Our night-fire was fed with ebony, of which the wilderness is full." Dies geschah auf einer Reise von Mombas auf der Sansibar-Küste unter 5⁰ südl. B. nach dem inneren Afrika.
[3] Hartmann, Die Nigritier, 167.
[4] Die Wanderung des Wortes heben ist also eine ganz merkwürdige. Von Aegypten ist es zuerst gegen Norden nach Palestina, Griechenland, Italien

Was endlich den Affennamen **kefu** betrifft, so glaube ich auch für diesen die Priorität der Aegypter in Anspruch nehmen zu können; denn das Sanskritwort **kapi** kommt erst in der späteren Literatur vor, während das ägyptische uralt ist; jedenfalls findet es sich mit dem Bilde des Thieres selbst determinirt schon unter der zwölften Dynastie (cr. 2200 v. Chr.) öfters als Personenname.[1]

Indem ich zu der Lage des Landes Pun zurückkehre, will ich noch die Bemerkung hinzufügen, dass das rothe Meer in dem ägyptischen Todtenbuche (17, 66) „der Bassin oder die See von Pun" genannt ist,[2] und dass Arabien oder die Araber nach Lauth in der Dinka-Sprache Pun heissen.[3] Diese Angaben vertragen sich sehr gut mit unserer Meinung, dass Pun im südlichen Arabien und auf der gegenüberliegenden Küste Afrikas lag, aber nicht mit der Bestimmung Mariettes, dass es nur auf der Somali-Küste zu suchen sei.

Ich wage zum Schluss folgende drei Sätze als Resultat unserer Untersuchung aufzustellen:

1. **Ben** oder **Bun** war der älteste Name Südarabiens (S. 57).

2. „das göttliche Land" war ursprünglich der Theil von Arabien, der im Norden von Bun lag; da dies aber bei weitem der grösste Theil des Landes war, ist es natürlich dass der Name bisweilen auch das ganze Arabien bezeichnen konnte.

---

und dem übrigen Europa gegangen; von den Griechen ist es wieder in griechischer Form gegen Süden zurückgekehrt und zu den Arabern, Persern und Indern gekommen. In dieser Beziehung macht es keinen Unterschied, wenn auch **heben**, wie V. Loret, l. l. 127, vermuthet, ursprünglich ein äthiopisches Wort sein sollte, das ägyptisirt worden sei.

[1] Wir haben z. B. als Frauennamen (Lieblein, Dictionnaire de noms no. 193). Derselbe Name kommt sonst öfter vor, mit oder ohne das Thier als Determinativ, siehe mein Dictionnaire de noms, nos. 79, 180, 344, 508 und 515.

[2] Brugsch, Die Geographie der Nachbarländer Aegyptens, S. 16.

[3] Lauth, Homer und Aegypten, S. 10.

Die Lage des Landes Pun.

3. ☐ 𓊪𓈖 𓏤 Pun, eine spätere, von Bun nur dialektisch verschiedene Namensform, der von den Aegyptern die volksetymologische Bedeutung „Pfortland" beigelegt wurde, umfasste die beiden Seiten der Bab-el-Mandeb-Strasse. Es war das geschichtlich älteste Handelsland, dessen Centrum das südliche Arabien, Arabia felix, war; aber es erstreckte sich längs der afrikanischen Küste gegen Süden zu, doch wohl nur ausnahmsweise, jenseit des Cap Gardafui bis zu dem alten Opone cr. 10° nördl. B., und auf der östlichen Seite des rothen Meeres gegen Norden zu wurde der Name Pun durch einen Missbrauch mitunter zur Bezeichnung des ganzen Arabiens, also auch des göttlichen Landes verwendet. Diese Lage des Landes Pun wird durch ägyptische und andere nicht-ägyptische Zeugnisse und durch die ganze Geschichte des alten Welthandels bestimmt.

Die Pun-Phöniker im Lande Pun.

Indem alle unseren Betrachtungen zu demselben Resultat führen, dass nämlich Pun das Land auf den beiden Seiten der Bab-el-Mandeb-Strasse, und dass hier das Centrum des ältesten uns bekannten Welthandels war, wird es nothwendig sein zu untersuchen, welches Volk es war, das in dem alten Pun wohnte und den Mittelpunkt dieses Welthandels bildete. Ich will die Frage gleich beantworten; ich glaube, dass kein Zweifel mehr darüber obwalten kann: Es waren die Phöniker, dies eigentliche Handelsvolk des Alterthums. Wo sie auch wohnten, an der Bab-el-Mandeb-Strasse, in Phönikien oder in Karthago, immer wussten sie die rechten Mittel und Wege zu finden um den Handel zu fördern. Vielleicht war es gerade in ihrer ältesten Heimath, in Pun, das durch seine Lage von der Natur selbst zu einem Handelslande geschaffen war, wo sie dazu erzogen wurden, was ihre Weltmission gewesen zu sein scheint, die nämlich, den Handel und die Schiffahrt als geregelte Geschäfte zu gründen und zu entwickeln, wodurch sie einen Platz unter den Völkern einnahmen, die die Civilisation der alten Welt am meisten gefördert haben.

Herodot erzählt gleich im Anfange seiner Geschichte (I, 1):

„Bei den Persern nun sagen die Geschichtkundigen, Phöniker wären von dem sogenannten erythräischen Meere hergekommen an unser Meer, hätten Wohnung genommen in eben dem Lande, wo sie noch jetzt wohnen, und alsbald an weite Schiffahrten sich gemacht. Da seien sie mit Waaren, die sie aus Aegypten und Assyrien ausführten, in manches Land, darunter auch nach Argos gekommen."

An einer anderen Stelle (VII, 89) sagt er:

„Die Phöniker wohnten, wie sie selber sagen, vor Alters an dem erythräischen Meer, von da gingen sie über Syrien nach der Küste, wo sie jetzt wohnen."

Auch andere Verfasser, wie Strabo (I, 2, 35; XVI, 3, 4 und 4, 27), Justin (XVIII, 3, 2) und Plinius (N. H. IV, 36) erzählen, dass die Phöniker von einem südlichen Meere nach der phönikischen Küste am Mittelmeere eingewandert seien. Es kann wohl kein Zweifel sein, dass Herodot durch „das erythräische Meer" hier wie an anderen Stellen seines Werkes das rothe Meer, d. h. den arabischen Meerbusen, wenigstens nicht den persischen Meerbusen versteht,[1] und dass die Phöniker, der Erzählung Herodots zufolge, ursprünglich am rothen Meere wohnten; aber hierin liegt natürlich kein Hinderniss, dass sie sich auch, wie Strabo XVI, 4, 27 anzudeuten scheint, gegen Osten der arabischen Küste entlang bis zu dem persischen Meerbusen haben ausbreiten können. Zwar hat Movers[2] diese Einwanderung verneint und zu zeigen versucht, dass die spätere Heimath der Phöniker auf der inneren Küste des Mittelmeeres auch ihre ursprüngliche Wohnung war. Aber es ist ihm nicht geglückt die Worte Herodots wegzuerklären: sie sind zu bestimmt und deutlich um durch irgend eine Interpretationskunst weggeschafft werden zu können. Wenn man die Quellen benutzen will, und das ist nun einmal nothwendig, so muss man sie auch nehmen, wie sie sind, natürlich mit Kritik, aber ohne willkürliche Aenderungen und Erklärungen. Die neuere historische Kritik ist übrigens zu der Erkenntniss gekommen, dass Herodot nicht, wie man früher wähnte, ein Fabeler sei, den man ungestraft vernachlässigen kann, sondern ein in all seiner Naivität wahrhafter Erzähler, zu dem man Vertrauen haben muss.

---

[1] Herodot erzählt II, 8, dass die arabische Bergkette sich im Osten von Aegypten von Norden nach Süden bis zum erythräischen Meere erstrecke; II, 158 sagt er, dass der alte Suezkanal von dem Nil in das erythräische Meer gehe, und IV, 42, dass die Phöniker, als sie Afrika umschiffen wollten, zuerst von dem erythräischen in das südliche Meer segelten. Hier, besonders in den zwei letzten Stellen, ist es ganz unzweifelhaft, dass das erythräische Meer des Herodot der arabische Meerbusen sein muss.

[2] Movers, Die Phönizier, II, 1, S. 23 fl.

Unser berühmter Landsmann Chr. Lassen in Bonn ist auch gegen die Behauptung Movers' aufgetreten, indem er doch unrichtig die ältesten Wohnungen der Phöniker zu der Ostseite anstatt zu der Südwestseite Arabiens verlegt.[1] Ich vermuthe, dies unrichtig ist, obwohl Lassen sich hier auf Strabo stützen kann, der in einer Stelle (Geographica p. 766) sagt: „Schiffet man (in dem persischen Meerbusen) etwas weiter, so findet man die beiden Eiländer Tyrus und Aradus, auf denen sich Tempel, denen phönikischen ähnlich, befinden; die Einwohner derselben wollen, dass diese Eiländer und die auf ihnen befindlichen Städte, so wie sie den Namen des phönikischen Tyrus und Aradus führen, eben so auch Kolonien derselben sein sollen," und in einer anderen (Geographica, p. 784) fragt: „Was sind es für Sidonier, die hier Homer meint? Sind es die, welche im persischen Meerbusen wohnen, und von denen die unter uns bekannteren Sidonier, die in Phönikien wohnen, Colonisten sein sollen? So wie sich eben daselbst zwei Eiländer, Tyrus und Aradus, befinden, von denen aus gleichfalls das phönikische Tyrus und Aradus bevölkert worden sein soll."[2] Die Worte Herodots und Strabos lassen sich ja sehr gut in Uebereinstimmung mit einander bringen, indem man entweder annehmen kann, dass die Phöniker am frühesten an dem rothen Meere wohnten und von da sich gegen Osten zu dem persischen Meerbusen verbreitet haben, oder dass sie ursprünglich die ganze Südküste Arabiens, von dem arabischen bis zu dem persischen Meerbusen, bewohnt haben. Obwohl ich mich am meisten geneigt fühle das erste anzunehmen, räume ich doch willig ein, dass es nicht lange gedauert haben kann, bis dass dieses thätige und weit ausschauende Handelsvolk sich am persischen Meerbusen feste Wohnungen aufgeschlagen hat um mit den alten Kulturstaaten am Euphrat und Tigris, wie Elam, Babylonien und Assyrien, in Verbindung kommen zu können. Ich glaube somit, dass wir uns an den alten Herodot halten sol-

---

[1] Chr. Lassen, Indische Alterthumskunde, II, 584 fl.
[2] Ich benutze die Uebersetzung Penzels, obwohl sie nicht ganz genau ist, was doch hier keine Bedeutung hat.

len, und dies um so mehr, als wir dadurch in Uebereinstimmung mit anderen noch älteren Quellen kommen. Homer erzählt von den Irrfahrten des Menelaos:

„Denn Vieles bestand und Vieles durchirrt' ich,
Eh ich ihn bracht' in Schiffen und kehrt' im achten der Jahre,
Hin nach Kypros zuvor, nach Phönike verirrt und Aegyptos;
Aethiopen auch sah ich, Sidonier auch und Erember,
Libya auch."[1]

Wer sind die hier genannten Sidonier? Es können nicht die Bewohner von Sidon in Phönikien sein; denn das Land der Phöniker ist ja schon genannt. Nehmen wir dagegen an, dass Homer mit „Sidonier" die Phöniker in ihren ältesten Wohnungen an der Bab-el-Mandeb-Strasse angeben wollte, so wird Alles klar. Nachdem Menelaos Cypern, Phönikien und Aegypten besucht hatte, kam er nach Aethiopien, setzte so über die Strasse von Bab-el-Mandeb nach dem südlichen Arabien hinüber, wo die ältesten Phöniker (d. h. die Sidonier)[2] wohnten, und reiste dann zu den Arabern,[3] die das übrige Arabien inne hatten, und ging endlich nach Libyen über, ein Land, das hier zuletzt nachträglich genannt ist, um alle die äussersten Länder im Süden aufgezählt zu haben. Man hat gesagt, dass Homer kein Geograph sei, und das mag wahr sein; aber seine Worte müssen doch Sinn haben, und dies würde nicht der Fall sein, wenn die gewöhnliche Erklärung der Stelle richtig wäre. Ueberhaupt war das Zeitalter Homers mit jenen Gegenden gar nicht so unbekannt, wie man heut zu Tage gewöhnlich annimmt. Dies geht auch aus der bekannten Völkertafel in dem 10 Capitel der Genesis hervor, das ohne Zweifel eben so alt, wenn nicht älter ist als

---

[1] Odyss. Homeri IV, 83—85:
Κύπρον, Φοινίκην τε καὶ Αἰγυπτίους ἐπαληθείς,
Αἰθίοπάς θ' ἱκόμην, καὶ Σιδονίους καὶ Ἐρεμβούς,
Καὶ Λιβύην.

[2] In den Gedichten Homers, die während der Hegemonie Sidons entstanden sind, und die noch nicht Tyrus kannten, werden die Phöniker durch Sidon repräsentirt.

Homer kann durch „Erember" nur die Araber verstanden haben.

Homers Gedichte. Dies höchst merkwürdige Capitel, das von einer nicht ganz oberflächlichen Bekanntschaft mit den Völkern zeugt,[1] die in jenen Zeiten um das Mittelmeer und das rothe Meer wohnten, legt ein neues Zeugniss davon ab, dass die Phöniker ursprünglich auf den südlichen Küsten des arabischen Meerbusens ihre Heimath hatten.

Nun heisst es in diesem Capitel Vers 6:

„Die Kinder Ham sind diese: Kusch, Misraim, Put und Kanaan";

und Vers 15:

„Kanaan aber zeugte Sidon, seinen ersten Sohn, und Het".

Hier bezeichnet „Kusch" die Länder im Süden und Südosten von Aegypten und in den späteren Zeiten besonders Aethiopien.[2] Misraim bezeichnet Aegypten, davon kann kein Zweifel sein, und Put muss nach den Meinungen der meisten Gelehrten Libyen sein.[3] Aber wie kann die biblische Völkertafel Kanaan

---

[1] Dillmann, Die Genesis, S. 160 sagt in seiner nüchternen Sprache: „Im Ganzen erweist sich dieses Verzeichniss als ein vorzügliches hist.-geogr. Denkmal für eine Zeit, aus welcher wir andere umfassende Urkunden nicht mehr haben." Und Lepsius, Einleitung zur Nubischen Grammatik, S. XCIV sagt: „Wo wir im Ganzen eine so richtige Kenntniss der Völker und ihrer Sprachen, die wir zum grossen Theile noch jetzt beurtheilen können, finden wie in der Völkertafel, da müssen wir auch im Einzelnen grosses Gewicht auf ihre Angaben legen."

[2] Lepsius, Einleitung zur Nubischen Grammatik, S. XCIV sagt: „Im Alten Testamente finden wir nun den Namen Kuš in doppelter Bedeutung, einmal in den geschichtlichen Büchern für die Anwohner des obern Nils, dann aber in der unschätzbaren Völkertafel der Genesis, in viel weiterem Sinne für eine Anzahl Völker an den Küsten des Arabischen Meerbusens, welche nicht bloss an der Afrikanischen, sondern zum Theil auch an der Arabischen Seite desselben gesucht werden müssen."

[3] So z. B. Lepsius in Zeitschrift f. äg. Sprache etc. 1872, S. 81 ff., wo Put in Verbindung mit dem hieroglyphischen ⌐||| petu und dem koptischen ⲫⲁⲓⲁⲧ Libyer gesetzt wird. Dieses Put auf unseren Namen Pun-t zu beziehen, wie unter Anderen Ebers (Aegypten und die Bücher Mose's, S. 63 ff.) und Brugsch (Die altägypt. Völkertafel, S. 52) wollen, ist kaum richtig, da das hieroglyphische ▯ ⌒ ⁓⁓⁓ ⌒⌒ wahrscheinlich Pun lautete, indem der feminale Artikel t zwar geschrieben, aber wohl nicht gesprochen wurde, ehe er in der späteren Zeit vor seinem Substantiv gestellt wurde. Wäre der Name Punt gelesen worden, würde man sich wohl vorstellen können, dass das n später weggefallen, und der Name somit Put

mit seinem Sohn Sidon hieher, zu den Hamiten, rechnen, da es doch näher liegen musste sie zu den Semiten hinzuführen? Ich habe es schon lange für unzweifelhaft gehalten, dass der Grund dazu der sein musste, dass der Verfasser der Völkertafel wusste, dass Sidon, d. h. die Phöniker von den Ländern der südlichen Hamiten nach Phönikien eingewandert waren. Da ich indessen jetzt sehe, dass Dillmann[1] denselben Gedanken ausgesprochen hat, brauche ich nur seine Worte anzuführen, weil sie auf ein Mal meine Auffassung ausdrücken und bestätigen. „Der Grund," sagt er, „davon, dass Kenaan trotz seiner semitischen Sprache zu Ham gerechnet wird, kann nicht Nationalhass Seitens der Israeliten gewesen sein, sondern nur das Bewusstsein einer von der der Israeliten und andern Semiten verschiedenen Herkunft derselben. Es ist geschichtlich bezeugt, dass sie aus südlichen

---

gelesen worden sei; denn n als Inlaut fällt oft weg oder, wie Le Page Renouf (Egyptian Grammar, 8) will, wird mit dem folgenden Consonanten assimilirt. Dass der Stamm des Namens ◻ 𓂝 𓈖 Pun, nicht Punt war, geht ferner daraus hervor, dass ein Punier 𓍿 𓂝 𓏤 𓀀 pun-ti hiess, wo 𓏤 ti, wie bekannt, eine Endung ist, welche die Person bezeichnet. Uebrigens können zur näheren Beleuchtung folgende Beispiele, die alle aus der Abhandlung Brugschs, Die altägyptische Völkertafel, genommen sind, angeführt werden: ◻ 𓊪 𓇳 𓈖 prs-tt Pers-ien, 𓊪 𓇳 𓏤 𓀀 𓂝 sankar-t Sinear, ◻ 𓊃 𓂝 𓈖 rtnnu-tt Eltannu; aus diesen Beispielen ersieht man, dass die Endung t nicht radical war. Dasselbe können wir daraus schliessen, dass ◻ 𓊃 𓂝 𓈖 rtnnu-tt auch ◻ 𓊃 𓂝 𓈖 rtnnu, und 𓊪 𓇳 𓂝 𓈖 bχ-tt auch 𓊪 bχ geschrieben wurden; diese Namen wurden natürlich ohne Rücksicht auf die Schreibweise immer Rotennu oder Eltannu und Beχ gelesen. Aber wie dem auch sei, und wie es sich auch mit der Aussprache dieses t in der ägyptischen Schreibung der Völker- und Ländernamen verhält, gewiss ist es jedenfalls, dass das t in Pun-t nicht radical war, sondern nur eine grammatische Endung im Aegyptischen, die unmöglich in eine fremde Sprache übergehen konnte; man vergleicht doch nicht pater mit le père, sondern mit père. Dillmann, Die Genesis, S. 169 führt mehrere Beweise dafür an, dass der Name Put die Libyer bedeuten muss.

[1] Die Genesis erklärt von A. Dillmann, Leipzig 1882, S. 170.

Wohnsitzen, vom erythräischen Meer her eingewandert sind; die Gegengründe gegen dieses Zeugniss sind nicht stichhaltig. Bestätigt wird dieses Zeugniss durch die Abbildungen der Kefa auf den altägyptischen Monumenten, wo sie bald an (rothbrauner) Hautfarbe, Haartracht und Kleidung ganz den Puna gleichen, bald auch wieder von andern Semiten sich nicht unterscheiden, woraus zu schliessen ist, dass der eigentliche Kern derselben die vom SO. gekommenen Puna waren, diese aber durch Mischung mit andern, in ihren neuen Ansiedlungen vorgefundenen Völkern allmählig (in körperl. Typus und Sprache) semitisirt wurden, wie denn auch die Occidentalen sie noch nach ihrer rothen Farbe als Poeni, Φοίνικες benannten."[1]

Indem somit ausser einigen jüngeren Quellen Herodot, Homer, ja sogar die Völkertafel in Genesis darin übereinstimmen, die ältesten Wohnungen der Phöniker nach den südlichen Küsten des rothen Meeres zu verlegen,[2] und da die altägyptischen Inschriften an der Bab-el-Mandeb-Strasse ein Handelsland Bun-Pun kennen, dessen Name offenbar mit dem griechisch-römischen Namen der Phöniker, wie Φοίν-ικες, Poen-i, pun-icus identisch ist, so ist es kaum länger erlaubt zu bezweifeln, dass es wirklich die Phöniker in ihrer ältesten Heimath waren, die wir bei den Aegyptern unter den Namen Ben-nu und Pun-ti wiederfinden. Dies ist wohl auch jetzt die am meisten verbreitete Meinung. So sagt Lepsius (Einleitung zur Nubischen Grammatik, XCV), indem er von den rothen Kuschiten in dem südlichen Arabien spricht:

„Hier wurden sie das erste Schiffer- und Handelsvolk der ältesten Welt, beherrschten mit ihren Schiffen die Küsten des

---

[1] Ich muss doch hier bemerken, dass der Name wohl gleichzeitig mit dem Volke zu den Occidentalen gekommen ist.

[2] Ich verweise auch auf Movers, Die Phönizier, II B. III Th., wo von dem lebhaften Verkehr der Phöniker mit den Sabäern in Südarabien mehrmals (S. 139 ff., 300 ff.) die Rede ist. Der berühmte Verfasser führt da (S. 300) die himyaritischen Inschriften an, die darauf deuten, dass der phönikische Astartendienst in Südarabien Volkscult war. Zwar behauptet er, dass dieser Cultus von Phönikien nach Südarabien eingeführt worden sei, aber es ist eben so wahrscheinlich, dass er ursprünglich in Südarabien zu Hause war, und in diesem Falle würde er eher für als gegen die Wanderung der Phöniker vom Süden nach Phönikien sprechen.

ganzen Erythräischen Meeres, bis an den Persischen Meerbusen, und wohl auch die Indische Küste bis nach Ceilon hinab, und vermittelten durch ihren Handel und ihre zahlreichen Niederlassungen in den verschiedensten, für ihre Zwecke wohlgelegenen Ländern nicht nur die Producte der Südwelt mit dem Norden, sondern auch die Bildungselemente an Technik, Kunst und Wissen, die sie in den von ihnen besuchten Ländern kennen lernten.

Sie waren mit einem Worte die Phönizier jener ersten Zeiten; und mehr noch, sie waren die **Vorväter selbst der uns bekannten Phönizier**, welche den ererbten Beruf später nur fortsetzten." Und S. XCIX fügt er noch hinzu: „Ich gehe aber noch weiter und zweifle nicht, dass der Name der Φοίνικες selbst von dem der Puna hergenommen ist, mit dem er in seiner lateinischen Form Poeni, Punici fast noch identisch ist."[1]

Wir sehen, dass Lepsius kurz und bestimmt dieselbe Anschauung ausspricht, zu der ich oben durch Betrachtung der Sache von den verschiedensten Seiten gekommen bin: dass die Phöniker ihre ursprünglichen Wohnungen an der Bab-el-Mandeb-Strasse hatten, und dass sie dort den Mittelpunkt des uns am frühesten bekannten Welthandels bildeten. Er nimmt sogar an, dass sie nach Indien, ja bis nach Ceilon gekommen sind. Was diese letzte Behauptung betrifft, so berührt sie eben eine Seite der Sache, die es hier am Orte ist näher zu betrachten.

Ich habe oben mehrmals gelegentlich hervorgehoben, dass die indischen Producte über die Bab-el-Mandeb-Strasse auf den Weltmarkt gebracht worden sind, was auch aus dem Umstande hervorzugehen scheint, dass wenigstens zwei der hier verhandelten Gegenstände: das Elfenbein und die Kefu-Affen in Sanskrit, wie im Aegyptischen und Semitischen dieselben Benennungen haben. Wer war es aber, der hieher indische Waaren brachte? Waren es die Pun-Phöniker, die sie aus Indien holten, oder waren es die

---

[1] Cfr. Chabas, Voyage d'un Égyptien, S. 63: „Ce nom de Poun serait-il l'origine de celui de Pœn(us), Pun(icus), par lequel ont été désignés les Phéniciens et les Carthaginois? .... Je rappellerai le nom de Πουάνου (πόλις), que Ptolémée mentionne au nombre des villes de l'Arabie-Heureuse." Siehe auch Grébaut, Hymne à Ammon-Ra, S. 275.

Inder, die sie nach der Bab-el-Mandeb-Strasse brachten? Chr. Lassen hat in Indische Alterthumskunde II, 579 ff. Untersuchung über diesen Handel angestellt, und ich will hier seine Worte anführen: „In den Vedischen Hymnen werden die Açvin deshalb gepriesen, weil sie das hundertrudrige Schiff des Bhugju auf dem unermesslichen, bodenlosen Meere geschützt und glücklich zum Ufer geführt hatten. Sie besassen daher schon grosse Schiffe, auf denen sie es wagen konnten, das grosse Meer zu beschiffen. Wohin diese Reisen gerichtet waren, darüber besitzen wir zwar keine ausdrücklichen Zeugnisse; es ist jedoch der noch gegenwärtig in wenig entstellter Form erhaltene Sanskritname der Insel Sokotora, welcher in der Sprache der Inder Dvîpa sukhatara lautete, und den Griechen als Dioskorida mit seiner wahren Bedeutung glückliche Insel bekannt geworden war, ein redender Zeuge für die frühe Bekanntschaft der Inder mit dieser Insel am Eingange zum Arabischen Meerbusen und darf als ein Beweis dafür gelten, dass Indische Kaufleute sich dort aufhielten, weil man sich sonst nicht den Umstand erklären kann, dass ihr ein Indischer Name gegeben worden sei. Es kommt noch hinzu, dass auch im glücklichen Arabien in dem Lande der reichen und frühe zu einer höhern Stufe der Cultur gelangten Sabäer eine der vornehmsten Städte die Indische Benennung Nagara[1] trug, aus welcher vermuthet werden darf, dass sie eine Indische Ansiedelung war. Es möchte sogar nicht unwahrscheinlich seyn, dass diese Ansiedler einen Einfluss auf die Gestaltung der dortigen staatlichen und bürgerlichen Verhältnisse ausgeübt haben. Wir finden nämlich erwähnt, dass nach einigen Nachrichten das ganze glückliche Arabien in fünf sogenannte Reiche eingetheilt war. Das erste enthielt die Krieger, das zweite die Ackerbauer, das dritte die Künstler und Handwerker, das vierte und fünfte diejenigen, welche die Myrrhe und den Weihrauch anbauten. Diese Geschäfte erbten von den Vätern auf die

---

[1] Lefmann, Geschichte des alten Indiens 155, bemerkt, dass nagara, „Stadt„ altvedisch nicht vorkommt. Doch fügt er gleich hinzu: „Soviel aber scheint indessen sicher, dass nicht die frühen Seefahrten der arischen Inder als solche, sondern allein die Zeit derselben noch in Frage steht."

Söhne fort. Es waren demnach erbliche Kasten, wie wir sie in Indien kennen, die aber sonst nicht unter den Arabern vorkamen. Eine Eigenthümlichkeit war die Gemeinschaft des Eigenthums in den einzelnen Geschlechtern, deren Aeltester der Herr war. Alle hatten gemeinschaftlich dieselbe Frau, wovon eine Folge war, dass alle Brüder waren. Diese Angabe muss ohne Zweifel dahin berichtigt werden, dass die Mitglieder desselben Geschlechts dieselbe Frau hatten, da es unmöglich ist, dass alle Geschlechter aus einem einzigen bestanden, wenn es nicht noch richtiger ist anzunehmen, dass es eine ungenaue Darstellung der Sitte sey, dass die Frauen keine Männer hatten, sondern sich mit denen verbanden, die ihnen gefielen. Diese herrscht nämlich bei den Frauen der Nairen in Malabar, welche sich mit Männern aus der Kaste der Priester, der Krieger oder anderen Vornehmen nach freier Wahl verbinden. Mit der Gemeinschaftlichkeit des Besitzes lässt sich die Gewohnheit unter die Nairen vergleichen, dass die Brüder und sogar die Vettern in demselben Hause zusammenleben.

Da diese Gebräuche so eigenthümlicher Art sind und nicht bei den Arischen Indern, sondern nur bei den Malabaren einheimisch sind, halte ich mich für berechtigt, eine alte Ansiedelung der Malabaren im glücklichen Arabien als sehr wahrscheinlich zu betrachten; die Zeit ihrer Gründung lässt sich nicht ermitteln, sie darf aber jedenfalls als nicht sehr spät gelten, weil die Handelsverbindungen zwischen dem südlichen Arabien und Indien in der ältern Zeit viel lebhafter waren, als später. Wir sind jedoch nicht auf die Uebereinstimmung der Sitten bei den Indern und Arabern und das Wiederfinden Indischer Namen bei ihnen allein beschränkt, um diesen alten Verkehr zu behaupten. Der Verfasser des Periplus des rothen Meeres berichtet, dass früher, ehe die Waaren aus Indien nach Aegypten geführt zu werden pflegten, sie in dem Hafen Arabia an der Küste jenes Theiles von Arabien gelandet wurden, wo sie mit den aus Aegypten gekommenen zusammentrafen. Aus dieser Nachricht erhellt, dass daselbst ein Hauptsitz des Indisch-Aegyptischen

Handels einst war, und durch ihn der Ort ein reicher und blühender geworden war.

Wenn es nach den vorhergehenden als höchst wahrscheinlich betrachtet werden darf, dass Indische Kaufleute nicht nur das glückliche Arabien besuchten, sondern auch dort Ansiedelungen gegründet hatten, muss ihnen auch ein bedeutender Antheil an dem dort betriebenen Handel zugestanden werden. Weiter als bis dahin dehnten sie schwerlich ihre Unternehmungen aus, und die Waaren wurden von dem glücklichen Arabien aus durch andere Völker weiter befördert." [1]

Dieser Auffassung Lassens zufolge ist es wahrscheinlich, dass der Handel der Inder mit den Ländern der Bab-el-Mandeb-Strasse vom Süden aus ungefähr von derselben Beschaffenheit war, wie der der Aegypter eben daselbst vom Norden aus. Der Handel der Inder hier war wohl wie der der Aegypter nur theilweise activ.[2] Den grössten und wirksamsten Antheil desselben hatten ohne Zweifel die dort wohnenden Phöniker, die durch die günstige Lage ihrer Heimath zu dem eigentlichen Handelsvolk des Alterthums gleichsam erzogen wurden. Wir werden uns bald mit dem Handel der Pun-Phöniker gegen Norden zu beschäftigen; hier will ich in Beziehung auf ihren Handel gegen Süden zuerst an die Worte Lepsius' erinnern, dass sie die Küsten des ganzen Erythräischen Meeres bis an den Persischen Meerbusen und wohl auch die Indische Küste bis nach Ceilon hinab beherrschten, eine Meinung, die auch Lassen (Indische Alterthumskunde, I, 748 u. 856) ausgesprochen hat; zweitens will ich bemerken, dass die Inder ein Handelsvolk Namens Pani kannten, das vielleicht mit dem Pun-Volke identificirt werden könnte. Ich kann nicht umhin anzuführen, was Lefmann

---

[1] Cfr. Lassen, Indische Alterthumskunde, 1, 748.

[2] Doch heisst es in Periplus Maris Erythræi § 30, wo von den Bewohnern der Insel Sokotora gesprochen wird: „Die wenigen Bewohner derselben wohnen auf der einen Seite derselben, der nach Norden gelegenen, wo sie nach dem Festlande gerichtet ist: es sind aber Eingewanderte, und gemischt aus Arabern und Indern (εἰσὶ δ'ἐπίξενοι καὶ ἐπίμικτοι ἐξ Ἀράβων τε καὶ Ἰνδῶν) und einige sogar von den Hellenen, die des Handels wegen dahin fahren."

(Geschichte des alten Indiens, 150 ff.) uns von diesen in Indien fremden Leuten lehrt:

„Solcher Art sind die Pani, das heisst die Händler, welche mehrfach in den Liedern, aber da sogleich unter der Bedeutung von geizigen, habsüchtigen und hartherzigen begegnen, die in gleich grossem Masse Reichthümer besitzen, als es ihnen an Glauben und Opferwilligkeit fehlt. „So viel des Werths, o Indra, an dich raffend, nicht werd' an uns zum Knauser, Uebermächtiger!" Nicht zum Pani, betet der Sänger, während ein anderer denselben Gott bittet, dass er mit seinen Füssen sie niedertrete, die Pani, die lieblosen Geizhälse. Ein dritter fleht, nicht Freundschaft abzureden mit jenen reichen, indess ein anderer, ein Vasishtha wieder den Gott zum Bündniss mit solchen anruft, die ihm durch Anrufung huldigen, die Pani aber verleugnen. Aehnliche Ausdrucksweisen und Verwünschungen stellen die Pani als gott- und opferlos, als wucherisch, als gefrässige Räuber oder Wärwölfe hin, oder vielmehr lassen diese Art Menschen als Pani erscheinen. In einem Athem werden auch die Dasyu unverständig, falsch, schmährednerisch geheissen, „Pani, ohne Glauben, ohne Ehre, ohne Opfer."

„In einem späteren Liede sendet Indra seine Hindin, die Saramâ zu den Pani, welche fern jenseit der Rasâ, das ist des Weltstroms wohnen. „Was verlangend" — fragen die Pani — „ist Saramâ hierher gekommen? weit abwärts führend ist ja der Weg. Was ist ihr Auftrag an uns, was ihr Anliegen? wie setztest du über der Rasâ Wasser?"[1] Da antwortet die Saramâ: „Als Indras Botin komme ich suchend, verlangend, ihr Pani, nach euren grossen Schätzen; fürchtend den übermässigen Sprung

---

[1] Ich muss hier die Worte ins Gedächtniss rufen, welche die Fürsten des Landes Pun an die Aegypter richteten, die nach Pun geschickt waren (oben S. 27): „Nähert Ihr euch dem Lande, das den Aegyptern unbekannt war? Seid Ihr vielleicht auf dem hohen Wege des Himmels gekommen? Oder segelt Ihr auf der See, über das grosse Meer des heiligen Landes, wo die Sonne für euch wandert?" Es ist recht wohl möglich, dass die Inder nach Pun in Handelsangelegenheiten zu derselben Zeit kommen könnten, in welcher die Königin Hatasu ihre Expedition dorthin schickte, d. h. im 15ten Jahrhunderte v. Chr.

half mir das; so setzte ich über der Rasâ Wasser." Und weiter im Verlauf entgegnen die Pani: „Diese Schatzkammer auf Felsengrund, o Saramâ, ist mit Rindern, Rossen und guten Dingen vollgepfropft; die sie bewachen, die Pani, sind gute Wächter; zu öder Stätte, umsonst bist du hergelangt."

Was endlich Lefmann zum Schluss bemerkt, ist hier von besonderer Wichtigkeit: „Aus allem diesen geht nun hervor, dass die Pani, wie ihr Name bedeutet, Handelsleute waren, die von weither ihre begehrten Güter zum Verkauf, das heisst zum Austausch brachten. Sie waren, wie es nach jener Liederstelle scheinen kann, Nichtarier oder als Arier ihren Stammesgenossen entfremdet. Was sie brachten, waren offenbar Natur- oder Kunsterzeugnisse des eignen Landes, vielleicht Gewänder und Waffen, auch wohl Rosse und Rinder, wofür sie Gold, Platten oder Ringe, Edelsteine, Gewürz oder anderes von Werth empfingen. Genauere Angaben fehlen über das eine und andere; vielleicht, dass auch für sie Kühe und Rinder als übliches Tauschmittel gegolten. Natürlich waren sie auf ihren guten Erwerb und Vortheil bedacht. Wurde ihnen daher, ebenso viel als man ihre Waren liebte, Misstrauen, ja wohl mitunter rohe Gewalt entgegengesetzt, so mussten sie selbst sich auch dagegen zu wehren suchen. Sie kamen gewiss truppweise, in ganzen Zügen, waren gewaffnet und schlau auf ihrer Hut gegen Gefahren auf dem Wege und bei ihren Kunden und mögen, wenn auch nur zum Entgelt, durch eigenes Vorgehen gelegentlich ihrem Namen jene Bedeutung verdient haben, welche ihm die Lieder geben."

Man könnte versucht werden in diesen Pani das Pun-Volk der Aegypter zu sehen. Denn erstens scheint der Name derselbe zu sein. Zwar wird Paṇi in Sanskrit mit dem lingualen ṇ, dem man einen Beilaut von r beigelegt hat, geschrieben. So heisst es in Benfey, A Sanskrit-English Dictionary: Pan (for original par + nâ) to buy, to play, to stake, to stake on (to bet) to risk, und Fick sagt (Vergleichendes Wörterbuch der Indogermanischen Sprachen, I, 661), indem er Sskr. paṇa mit πέρνησι etc. zusammenstellt: „Die Zusammenstellung beruht auf der Voraussetzung, dass sskr. ṇ in paṇ aus parn entstanden

Die Pun-Phöniker im Lande Pun. 89

sei." Aber ohne mich übrigens auf eine Beurtheilung des Richtigen oder Unrichtigen in dieser Auffassung einzulassen, will ich nur bemerken, dass das linguale ṇ in einzelnen Wörtern dem gewöhnlichen dentalen n entspricht, z. B. Sskr. kaṇ, Griech. κάναζω rauschen, καν-αχή Geräusch, (Fick, Vergl. Wörterb. I, 295) und Sskr. maṇd, Lat. mundus, rein, sauber, Schmuck (Fick, ib. I, 392). Und wie auch Sskr. ṇ ursprünglich ausgesprochen sein mag, so wechselt er doch schon in der Sanskritsprache mit n, indem ṇ in gewissen Lautverbindungen anstatt n eintritt,[1] ja in der späteren Sprache scheint der Unterschied nur dialektisch zu sein.[2]

Es ist somit vielleicht erlaubt Paṇi mit Pun zusammenzustellen, besonders wenn man bedenkt, dass der fremde Volksname Pun durch indische Volksetymologie in Verbindung mit der Sanskritwurzel paṇ leicht gebracht werden könnte.[3]

Zweitens, und dies ist wichtiger, — denn auf Namens- und Lautähnlichkeit allein kann man sich nie verlassen, — haben wir gesehen, dass die Pani in der indischen Literatur gerade so charakterisirt werden, wie die handelskundigen, schlauen und gewinnsüchtigen Pun-Phöniker unter ihrem Verkehr mit den Indern von diesen letzteren nothwendig aufgefasst werden mussten.

Wäre das indische Pani-Volk mit den ägyptischen Pun identisch,[4] so hätten wir hier ein neues Zeugniss für die übrigens

---

[1] Westergaard, Kortfattet Sanskrit Formlære, 18 ff.
[2] Lassen, Institutiones linguæ Pracriticæ, 195: n simplex non finale semper transit in ṇ, et remanet tantum, si a consonante sui ordinis excipitur.
[3] Nach Böthlingk und Roths Sanskrit-Wörterbuch ist Sskr. paṇi m. (eigentlich der Händler, Tauscher) der Karge, Knauser, Geizhals; die im Opfer karg sind, oder die Ungläubigen, welche das Ihrige ganz behalten wollen. Diese Bedeutungen können sich recht wohl entwickelt haben, nachdem der fremde Volksname Pun in Verbindung mit der Wurzel paṇ gebracht im indischen Munde zu Paṇi gebildet worden war. Auch wir brauchen bisweilen den Namen „Jude" als Scheltwort von einem kargen, knauserigen und unverschämten Händler, wie ebenso ein Schacherer, ein Jude, ein Schacherjude oft synonyme Begriffe sind. Aber wenn auch solche und ähnliche Bedeutungen durch den Einfluss des fremden Volksnamens entstanden wären, so würde dies natürlich ganz unabhängig von dem Prozesse sein, durch welchen die übrigen Wörter der Wurzel paṇ aus derselben auf regelmässige und natürliche Weise entsprossen sind.
[4] Ich stelle dies nur als eine Hypothese zur näheren Prüfung hin.

unbestreitbare Thatsache, dass die Pun-Phöniker von den Küsten des erythräischen Meeres aus Handel mit Indien trieben, indem sie theils die Handelsgegenstände selbst aus Indien holten, theils sie in ihrer Heimath von den indischen Kaufleuten empfingen, die sie über das Meer herübergebracht hatten, während diese Thatsache es wieder auf der andern Seite wahrscheinlich macht, dass die Phöniker in der reichen und weitschweifigen Literatur der Inder genannt wurden.

Die Colonien der Pun-Phöniker.

Ich gehe jetzt zu dem Handel der Pun-Phöniker gegen Norden zu über. Indem sie, immer Handel treibend, von Pun aus nordwärts vordrangen, schlugen sie wahrscheinlich vier Hauptwege ein, ehe sie sich bleibend in Phönikien niederliessen, nämlich:
1. Ueber Myoshormos und Koptos in das ägyptische Nilthal hinein.
2. Ueber die Landenge von Suez auf dem Landwege und auf dem Canal.
3. Ueber den älanitischen Busen und Edom.
4. Ueber den persischen Meerbusen und die Kulturstaaten am Euphrat und Tigris, Elam, Babylonien und Assyrien.

Indem die Pun-Phöniker auf diesen Strassen vordrangen, legten sie in den verschiedenen Ländern Colonien an, die wir jetzt einzeln betrachten werden.

I. Die Colonien der Pun-Phöniker im ägyptischen Nilthale.

In dem Vorhergehenden haben wir gesehen, dass Leute von Pun mit den ägyptischen Expeditionen zurück nach Aegypten gefolgt sind, wie unter der Königin Hatasu (oben S. 30), unter Ramses III (oben S. 49) und wohl öfter; aber wir sahen auch, dass sie allein und auf eigenem Antrieb mit ihren Waaren oder Tributen, wie die Aegypter sie am liebsten zu nennen pflegten, nach Aegypten gekommen sind, wie z. B. unter Thotmes III (Rechmaras Grab, oben S. 38), unter Horemheb (oben S. 42) und Ramses III (oben S. 48). Das letztere war wohl am gewöhnlichsten der Fall, da die Aegypter wahrscheinlich nur ausnahmsweise und unter ruhigen und sicheren

Verhältnissen zu Hause daran denken konnten auf Handelsreisen nach fernen Ländern zu gehen; der Handel aber musste ja doch seinen Gang gehen, da die Aegypter immer Zufuhr von Waaren, namentlich von Weihrauch für den Gottesdienst brauchten, was die Pun-Phöniker als ein tüchtiges Handelsvolk unzweifelhaft verstanden und zu benutzen wussten. Wahrscheinlich sprechen die ägyptischen Monumente unter Pepi I, der sechsten Dynastie gehörig, und zwar so viel wir wissen zum ersten Male, von den Pun-Phönikern. Die Inschrift, die ich meine, habe ich oben (S. 14) angeführt, und in so fern die hier genannten Leute, wie ich glaube, wirklich die Pun-Phöniker unter ihrem ältesten Namen „Bennu" waren, so ist dies thätige Handelsvolk schon in jenen Zeiten (cr. 2600 v. Chr.) mit seinen Waaren über das rothe Meer nach Aegypten gekommen. Aber nicht genug damit: sie müssen regelmässig Handel mit Aegypten getrieben und sogar sehr frühzeitig dort entweder in Koptos oder in der Nähe von Koptos oder vielleicht beiderorts Handelscolonien angelegt haben. Es finden sich nämlich in diesen Gegenden ein Par Lokalnamen, die das Gedächtniss von diesem Volke bewahrt zu haben scheinen. Einige Meilen von Koptos weiter nach unten am Nile lag eine Stadt mit Namen ⸎ Pa-bennu, und in der Nähe derselben befand sich eine Localität, im Koptischen Ta-benne genannt. Zwar meint Brugsch,[1] dass Pa-bennu dieselbe Stadt sei wie die, deren Name unter den Ptolemäern ⸎ Ha-bennu geschrieben wurde, ein Name, der das „Haus des Phönixvogels" bedeutet. Allein erstens ist Ha-bennu nicht derselbe Name wie Pa-bennu, höchstens eine Umschreibung desselben Namens, die möglich, aber nicht nothwendig ist, und somit keinen Beweis abgiebt. Und zweitens brauchen die beiden Namen, wenn sie auch dieselbe Stadt bezeichneten, nicht dieselbe Bedeutung zu haben. ⸎ Pa-Bennu bedeutet, glaube ich, die „Stadt der Phöniker", nicht die „Stadt des Phönixvogels", weil kein Phönixvogel als Determinativ hinzugefügt worden ist; später aber, namentlich unter den Ptolemäern, als man sich der Phöniker nicht

---

[1] Brugsch, Dictionnaire géographique, S. 194.

Die Colonien der Pun-Phöniker. 93

mehr erinnerte, ging möglicherweise der Name **Pa-bennu**, die „Stadt der Phöniker" zu **Ha-bennu**, „Haus des Phönixvogels", über, und dies um so leichter, als sowohl das Volk wie der Vogel **Bennu** (Phönix) vom Osten gekommen waren und vielleicht, der Aehnlichkeit der Namen und des gemeinschaftlichen Ursprungs wegen, entweder in Verbindung mit einander standen oder wenigstens zu stehen gedacht wurden. Dasselbe gilt von dem koptischen Namen **Ta-benne**; man hat ihn bald die „Phönixinsel", bald die „Palmeninsel" übersetzt; die ursprüngliche Bedeutung kann aber eben so gut „die Insel oder das Land der Phöniker" 𓉔𓂋𓏌𓏤 ⸗ Ta-bennu gewesen sein.[1]

---

[1] Wie der Name **Tabenne** hieroglyphisch geschrieben wurde, weiss man nicht. Champollion sagt (L'Égypte sous les Pharaons, I, 236): **Ⲧⲁⲃⲛⲛⲏⲥⲉ** et **Ⲧⲁⲃⲉⲛⲛⲉⲥⲓ** selon Mingarelli le grec νῆσος ajouté au nom égyptien de **Ⲧⲁⲃⲛ**, un endroit abondant en palmiers. Nous regardons plutôt ces deux syllabes comme le nom d'Isis (ⲏⲥⲓ) précédé de l'article du génitif. Le nom de **Ⲧⲁⲃⲛⲛⲏⲥⲉ** signifiera donc alors l'Ile où se trouvent les palmiers d'Isis. C'est là, à notre avis, sa véritable valeur." Brugsch spricht sich (Dictionnaire géographique, S. 192) so aus: „Rappelons encore le nom de l'île (νῆσος) **Ⲧⲁⲃⲉⲛⲛⲏⲥⲉ** (c. a. d. ta-benu-νῆσος) qui dans les Mss. coptes est appliqué à une île près de la ville de Diospolis parva."

Im Koptischen wird der Name **Ⲧⲁⲃⲛⲛⲏⲥⲉ** oder **Ⲧⲁⲃⲉⲛⲛⲉⲥⲓ** geschrieben. Pachomius, der hier das erste Mönchskloster angelegt hat, wurde im Griechischen ὁ ταβεννησιος und im Lateinischen tabennensis genannt. Der Name kommt sogar im Altnorwegischen vor, indem wir in **Heilagra manna sögur**, herausgegeben von Unger II, 663, „Nunnusetr kvenna tabennensiotarum" (das Nonnenkloster der tabennensiotischen Weiber) genannt finden. Hier fand sich nämlich nicht nur das vom heiligen Pachomius angelegte Mönchskloster, sondern auch ein Nonnenkloster, das von seiner Schwester gestiftet wurde. Nach der Erzählung in Vita S. Pachomii, abbatis Tabennensis, cap. 28, legte diese Schwester ihr Nonnenkloster in der Nähe des Mönchsklosters ihres Bruders, nur durch den Fluss getrennt, an, wobei sie von seinen Mönchen geholfen wurde. Dass es in der Nähe lag, geht daraus hervor, dass die Mönche von dem Nonnenkloster zu ihrem Mönchskloster gehen konnten um zu essen. An der oben citirten Stelle heisst es nämlich: Si quando vero vel ad structuram, vel ad aliam rem feminæ monachis indigerent, eligebantur magnæ conversationis viri, qui fratribus ad quæsita præessent officia; et cum timore Domini laborantes, refectionis hora revertebantur ad monasterium, caventes apud eas quidquam cibi potusque percipere. Dass das Mönchskloster auf dem Festlande lag, das Nonnenkloster aber auf einer Insel dem Festlande ziemlich nahe gelegen war, scheint aus folgender Stelle

Hatten nun die Namen Pa-bennu und Ta-bennu vom Anfang an wirklich die Bedeutungen: „die Stadt der Phöniker" und „das Land der Phöniker", so kann kaum geleugnet werden, dass es sehr verlockend ist anzunehmen, dass die Pun-Phöniker in der ältesten Zeit hier eine Handelscolonie angelegt

> hervorzugehen: Quod si defuncta esset virgo, curantes funus ejus reliquæ, cunctaque quæ ad sepulturam pertinent adimplentes, deferebant usque ad ripam fluminis, quod utraque monasteria dividit, psalmos ex more canentes. Tunc transeuntes monachi cum ramis palmarum et olivarum frondibus, psallentes transvehebant eam et in sepulcris suis cum hilaritate condebant. Da nun Pachomius, der Gründer des Mönchsklosters, tabennensis genannt wurde und also von Tabenne war, da die Nonnen nach Heilagra manna sögur tabennensiotæ hiessen, folglich auch von Tabenne waren, und da wir ferner aus Vita Pachomii wissen, dass das eine Kloster auf dem Festlande, das andere aber wahrscheinlich auf einer Insel dem Ufer gegenüber gelegen war, so scheint daraus mit Nothwendigkeit zu folgen, dass eben sowohl die Insel, wie das gegenüberliegende Ufer des Flusses mit demselben Namen Tabenne benannt worden sein muss. Ich möchte daher glauben, dass wir in dem koptischen ⲦⲀⲂⲈⲚⲚⲈⲤⲒ ein altägyptisches Ta-bennu, „das Land, das Territorium der Phöniker" und eine griechische Endung, vielleicht σι (wie in νέμησις das Weiden, οἴκησις die Wohnung, πάτησις das Treten) haben. Zwar schreibt Sozomenus in seiner Historia ecclesiastica III, cap. 14 mehrmals Ταβέννη Νῆσος in zwei Wörtern anstatt Ταβέννησος in einem Worte; aber Valesius sagt in seiner Anmerkung zu der Stelle, dass dies nur eine falsche Schreibweise des Sozomenus sei, und fügt hinzu: Tabennensiotæ dicti sunt a Tabenneso, vel Tabennesio, vico Thebaïdis, in quo Pachomius monasterium construxit, non autem a tabenna insula, ut cuncti hactenus crediderunt. Diese Bemerkung ist gewiss, wenigstens theilweise, richtig und hätte von spätern Forschern nicht übersehen werden sollen. In der koptischen Uebersetzung von Vita Pachomii wird in Beziehung auf Pachomius gesagt: Ⲟⲩⲟϩ ⲁϥⲙⲟϣⲓ ϧⲉⲛ ⲧϩⲟⲣⲙⲏ ⲙⲡⲓⲡⲛⲁ ⲛⲁϥⲟⲧⲉⲓ ⲛϫⲉ ⲙⲓⲗⲓⲟⲛ ϣⲁⲛⲧⲉϥⲓ ⲉϫⲉⲛ ⲟⲩϯⲙⲓ ⲛⲏⲣⲏⲙⲟⲥ ϩⲓϫⲉⲛ ⲫⲓⲁⲣⲟ ϫⲉ ⲦⲀⲂⲈⲚⲚⲎⲤⲒ, was Zoega folgendermassen übersetzt: (Quodam autem die dum, uti assolebat, ambularet per desertum in magna illa silva acaciarum), impulsu spiritus perrexit decem milliaria, usque dum perveniret ad vicum desertum fluvio adjacentem, nomine Tabennese. (Zoega, Catalogus codicum copticorum, Romæ 1810, pag. 73). Und in Dionysius' lateinischer Uebersetzung derselben Stelle heisst es (Kapitel 12): Quodam vero tempore contigit, ut Pachomius procul a sella sua progressus veniret ad quemdam vicum, cui nomen est Tabennense. Sowohl die koptische, wie die lateinische Uebersetzung lehren uns folglich, dass Tabennese, wo Pachomius sein Kloster gründete, ein Dorf (vicus) auf dem Festlande war. Das von seiner Schwester angelegte

haben. Für ihren Handel mit den Aegyptern war die Lage der Colonie besonders geeignet, wenn man annimmt, dass sie von Pun auf dem rothen Meere segelten und durch das Hammamatthal nach dem Nil gekommen waren. In Koptos selbst, wo die Aegypter wohnten, konnten sie sich nicht so frei bewegen, wie sie wünschten; sie zogen daher, vermuthe ich, wenigstens der grösste Theil derselben, nach dem Orte in der Nähe, wo kein Hinderniss in dieser Beziehung vorhanden war.

Diese Colonie der Pun-Phöniker in der Nähe von Koptos glaube ich in den Inschriften aus den Zeiten Ramses II und Ramses III (Lepsius' Denkmäler, III, 163 u. 213) wieder gefunden zu haben. Ich habe oben (S. 42 ff.) von diesen Darstellungen gesprochen und sie dahin erklärt, dass die da dargestellte Hauptperson der Chef der pun-phönikischen Colonie war, der hier Theil an einem religiösen Feste oder einer Procession des Chem, des Lokalgottes der naheliegenden Städte Chemmis und Koptos, nahm. Das ägyptische Aussehen des Mannes, die hervortretende Rolle, die er spielt, und die ganze Handlung wird klar werden, wenn wir diesen „Nahas aus Pun" als Negus, als den Chef der Pun-Phöniker auffassen, die seit uralter Zeit in diesen Gegenden gewohnt und sich während des vielhundertjährigen Aufenthaltes im Lande wenigstens theilweise die ägyptische Religion angeeignet oder sie öffentlich zu bekennen rathsam gefunden hatten.[1]

Die in diesen Gegenden verbreitete Verehrung des Phönix-

Kloster lag dagegen wahrscheinlich auf der gegenüberliegenden Insel, da an diesem Orte sich wirklich eine Insel findet, und da beide Klöster nahe an einander, jedes aber auf seiner Seite des Flusses, gelegen waren. Valesius hat also in seiner Bemerkung insofern Recht, als Tabennensiotæ, wenn damit die Mönche im Mönchskloster auf dem Festlande gemeint sind, a Tabenneso vel Tabennesio, vico Thebaïdis, genannt wurden, während dagegen Sozomenus ebenso gut Recht hatte Ταβέννη Νῆσος, die Insel Tabenne, wenn damit die Insel, wo das Nonnenkloster lag, gemeint ist, zu schreiben.

[1] Die Afar-Dankali, die, wie wir später sehen werden, wahrscheinlich in Verbindung mit den Pun-Phönikern standen, indem sie entweder einen Theil derselben ausmachten oder mit ihnen verwandt waren, haben heute noch das Wort nugus in der Bedeutung „König". (Reinisch, Die Afar-Sprache, S. 88).

vogels, die Brugsch Dict. Géog. S. 191 nachgewiesen hat, scheint ebenso auf die Pun-Phöniker zu deuten, da das Volk und der Vogel Bennu ohne Zweifel ursprünglich in Verbindung mit einander standen. Sie trugen beide denselben Namen, und sie sind beide wohl von derselben Heimath im Osten nach Aegypten gekommen. Ich treffe hier hauptsächlich mit Ebers zusammen, der längst die Meinung ausgesprochen hat,[1] dass Phöniker in Koptos als Händler wohnten, und der seine Untersuchungen über diesen Punkt mit den Worten abschliesst: „Hier genügt der Nachweis einer phönikischen Colonisation zu Koptos, die so stark war, dass die Stadt nach derselben ihren Namen erhalten konnte."

Obwohl Ebers die Sache auf eine etwas andere Weise betrachtet als ich, und seine Gründe verschieden von den meinigen sind, sind wir doch in Beziehung auf diese Sache wesentlich zu demselben Resultate gekommen. Zwar meint er, dass es in Koptos wäre, wo die Phöniker wohnten, während ich dagegen vermuthe, dass sie ihre Handelscolonie ein wenig weiter gegen Norden zu am Orte Tabennesi hatten; aber dies schliesst nicht die Möglichkeit aus, dass sie zum Theil ebenfalls in Koptos haben wohnen können. Auch kommt es hier nur auf die Hauptsache an, und die ist, dass die Pun-Phöniker in diesen Gegenden eine Colonie im Interesse ihres Handels hatten.

Ausser dieser Colonie hatten die Pun-Phöniker ganz gewiss auch andere Niederlassungen in dem Nilthale, wenn nicht anderswo, so wenigstens in Memphis.

Herodot erzählt (II, 112), dass die Phöniker rings um einen Hain auf der Südseite des Hephästos' Tempels in Memphis wohnten. Da sie ihre Wohnung in der Nähe des Haupttempels, also im inneren heiligen Theile der Stadt erhalten hatten, müssen sie wohl in alter Zeit dorthin gekommen sein, und ich nehme deswegen an, dass die hier wohnenden Phöniker aus dem Lande Pun, nicht aus Phönikien waren, obwohl Herodot sie mit einer leicht erklärlichen Rücksichtsnahme auf seine Zeit „tyrische

---

[1] Ebers, Aegypten und die Bücher Mose's, S. 141 ff.

Phöniker" (Φοίνικες Τύριοι) nennt. Ich nehme dies um so mehr an, als hier noch ein anderer Grund bestätigend hinzu kommt. Der in Aegypten verehrte fremde Gott Bes ist wahrscheinlich mit den Pun-Phönikern nach Aegypten gekommen.[1] Nun hatte der Bescultus besonders in Memphis Eingang gefunden, da der memphitische Localgott Ptah, der sich sonst durch seine Schönheit auszeichnet, sonderbar genug bisweilen in der hässlichen Gestalt des pun-phönikischen Gottes auftritt. Dies wird auch von Herodot bestätigt, der (III, 37) erzählt, dass „Kambyses in das Hephästus-Heiligthum ging, wo er das Bild sehr verlachte. Dieses Bild des Hephästus kommt nämlich den phönikischen Patäken am nächsten, welche die Phöniker am Vordertheil ihrer Dreiruder führen. Wer nun diese noch nicht gesehen hat, dem sage ich zur Bezeichnung, dass es das Abbild eines Pygmäenmannes ist." Es kann durchaus kein Zweifel sein, dass Herodot hier von der Bes-Gestalt des Ptah spricht. Wenn aber der altmemphitische Hauptgott Ptah mit dem punischen Bes so innerlich verschmolzen ist, dass er sogar seine Gestalt annehmen konnte, so muss die Verbindung der Memphiter mit den Pun-Phönikern ganz eng gewesen sein, was ja mit der Annahme sehr schön stimmt, dass die letztgenannten ihre Wohnung in Memphis seit alter Zeit gehabt haben.

Man muss sich überdies eine solche Colonie im nördlichen Aegypten nothwendig denken, wenn sich die Pun-Phöniker des Handels wegen in den Gegenden von Koptos wirklich angesiedelt hatten. Waren sie einmal nach dem Nilthale gekommen, mussten sie sich selbstverständlicherweise über das ganze reiche Aegypten auszubreiten suchen; denn die frühzeitige Civilisation hier hatte nicht nur viele Erzeugnisse hervorgebracht, sondern auch viele Bedürfnisse hervorgerufen, wodurch ein handelstreibendes Volk herbeigelockt werden musste, das die Erzeugnisse kaufen und die Bedürfnisse befriedigen konnte. Die natürliche Richtung war die den Fluss hinunter nach Norden und besonders

---

[1] Cfr. Pleyte, Chapitres supplémentaires du Livre des Morts 162, 162* 163, S. 167, sagt, dass Bes von dem Lande Pun nach Aegypten gekommen sei.

nach der alten Hauptstadt Memphis. Wir haben dies zum Ueberfluss aus dem grossen Papyrus Harris gesehen, wo es (oben S. 49) ausdrücklich gesagt wird, dass die Pun-Phöniker über das rothe Meer und durch das Hammamat-Thal mit ihren Reichthümern und Tributen nach Koptos kamen, dass sie hier ihre Waaren in Schiffe auf dem Nile einluden, flussabwärts fuhren um in Memphis oder der Stadt Ramses dem Pharao ihre Tribute zu bringen. Zu welcher Zeit sie in Memphis ihre Colonie angelegt haben, lässt sich nicht mit Bestimmtheit sagen; wahrscheinlich aber sind sie dorthin schon im alten Reiche angelangt, und während der Hyksos-Herrschaft haben sie sich da leicht einnisten können. Man muss annehmen, dass die Pun-Phöniker sich nicht auf diese einzige Colonie in Memphis beschränkten; sie gingen ohne Zweifel weiter gegen Norden bis zum Mittelmeere und breiteten sich über das ganze Deltaland aus, von wo aus sie über das Meer nach Phönikien vordringen konnten.

Obwohl ich aber meine, dass die Pun-Phöniker unter ihrem frühesten Handel mit Aegypten zuerst die Colonie in Tabennesi und nachher, indem sie ihren Handel flussabwärts nach dem nördlichen Lande erweiterten, die Colonie in Memphis gegründet haben, so schliesst dies doch nicht die Annahme aus, dass diese ägyptischen Phöniker später auf verschiedene Weise mit den Phönikern in Syrien in Verbindung getreten sind, nachdem die letzteren in ihrer neuen Heimath zur Macht und Ansehung gekommen waren; es ist im Gegentheil wahrscheinlich, dass Ein- und Auswanderungen unter den ägyptischen und syrischen Phönikern wechselseitig Statt gefunden haben. Jedenfalls ist es gewiss, dass Aegypten und Phönikien eine Zeit lang im lebhaften Verkehr mit einander gestanden haben müssen; denn nicht nur sind mehrere ägyptische Bauwerke und Denkmäler in Phönikien gefunden worden, sondern auch Mythen und Sagen verschiedener Art knüpfen die beiden Länder auf vielfache Weise an einander an. Wir werden diese Seite der Sache später etwas näher betrachten. Hier will ich nur in Uebereinstimmung mit dem, was ich oben (S. 76 ff.) erörtert habe, behaupten, dass die ägyptischen und syrischen Phöniker verwandt oder vielmehr dasselbe Volk waren, das theils auf demselben, theils auf anderen Wegen aus seiner Urheimath am erythräischen Meere nach seinen späteren Wohnungen ausgewandert war. Der soeben genannte Gott Bes ist gerade hierfür ein Beweis; denn man hat, wie ich glaube, mit Recht seinen Namen in dem des Gottes der syrischen Phöniker Usoos wiedererkannt,[1] und seine Gestalt war, wie Herodot uns erzählt, mit der ihrer Patäken identisch.

Ich habe eben gesagt, dass die syrischen Phöniker in ihre neue Heimath theils auf denselben Wegen, wie die ägyptischen, theils auf anderen eingewandert seien. Ein Theil nämlich der nach Aegypten gekommenen Pun-Phöniker setzte, wie ich vermuthe, die Handelsreisen nach den Küsten des Delta und über das Mittelmeer nach Phönikien weiter fort, wo die nördlichsten Gegenden mit Aradus und Byblus zuerst in Besitz genommen wurden. Ich bin geneigt anzunehmen, dass dies der erste und älteste Strom war. Ein zweiter Handels- und Wander-Strom ging ohne Zweifel über die Bucht und die Landenge von Suez, ein dritter über die älanitische Bucht und Edom und endlich ein vierter über die persische Bucht, Babylonien, Assyrien und Mesopotamien. Die vier Strömungen mündeten alsdann zuletzt mehr oder minder direct in Phönikien aus.

2. Die Colonien der Pun-Phöniker im Deltalande.

Nachdem wir von der Handels- und Wanderungs-Strasse der Pun-Phöniker durch das Nilthal gesprochen haben, wenden wir uns der Strasse zu, die über die Landenge von Suez ging. Als der Handel von Pun aus seine Bahn nach dem Nilthale über Myoshormos und Koptos erst einmal gebrochen hatte, suchten die Pun-Phöniker sich auf dem rothen Meere neue Bahnen zu öffnen, indem sie Myoshormos vorbei nach den innersten Buchten des Meeres vordrangen. So langten sie auch an der Landenge von Suez an. Hier lagen zwei Wege vor ihnen. Der eine ging zu Lande nordwärts nach dem Mittelmeere und weiter nach Syrien, der andere auf dem alten Nilcanale westwärts nach

---
[1] Bollettino del quarto Congresso internazionale degli Orientalisti in Firenze, II, 5.

dem Deltalande. Da der innerste Meerbusen von Suez, wie wir später sehen werden, in jenen Tagen bis zu dem nördlichen Ende der Bitterseen reichte, so war der Landweg, der von hieraus nach Syrien ging, ohne Zweifel derselbe, den die Bibel (Exodus 13, 17) „die Strasse durch der Philister Land" nennt. Hier fand sich auch der Canal, der ein Süsswassercanal war, und von dem Nile nach dem nördlichen Ende der Bitterseen d. h. des rothen Meeres ging, ohne doch direct in dasselbe zu münden, um nicht das salzige Wasser des Meeres hineindringen zu lassen.

Es ist von diesem Canal so vieles gefabelt worden, dass wir ihn hier etwas näher besprechen werden. In den geschichtlichen Nachrichten wird er verschiedenen ägyptischen Herrschern, wie Ramses dem Grossen, Neko, Darius, Ptolemäus Philadelphus, dem Kaiser Trajan und dem Kalifen Omar zugeschrieben. Dies hat doch nichts anders zu bedeuten, als dass jeder dieser Regenten den Canal vertieft und erweitert hat, nachdem er jedesmal versandet war. Er existirte gewiss vor den Zeiten Ramses des Grossen, da die Landschaft Gosen, die an beiden Seiten desselben lag, von ihm schon vor der Einwanderung der Israeliten in Aegypten fruchtbar gemacht worden war. Der älteste Canal ging vom Nil in der Nähe des alten Bubastis aus und lief nach den Bitterseen hin, die damals unzweifelhaft in natürlicher und unmittelbarer Verbindung mit dem rothen Meere standen. Zu den Zeiten Darius' war diese Verbindung wahrscheinlich abgebrochen, da er einen Canal von dem südlichen Ende der Bitterseen bis zum jetzigen Suez graben liess. Als der Kalif Omar den Canal wieder aufgraben wollte, verlängerte er ihn, wie es heisst, mit einem neuen Theil, der von Kairo bis nach Bubastis ging. Im Norden vom Timsahsee hat man ebenfalls Spuren eines alten Canals gefunden, der wahrscheinlich ein Nebenzweig des Hauptcanals war; es ist aber ungewiss, wer ihn gegraben hat. Bevor ich in die Sache näher eingehe, werde ich die Nachrichten der Alten von dem Canale anführen.

Herodot (II, 158) erzählt: „Psammetichus hatte einen Sohn, Neko, der auch König von Aegypten ward. Dieser legte die erste Hand an den Ringgraben, der ins erythräische (rothe) Meer geht, und nach diesem von Darius dem Perser hinausgegraben wurde. Derselbe ist eine Fahrt von vier Tagen lang, und so breit gegraben, dass zwei Dreiruder neben einander daher fahren können. Das Wasser ist in denselben aus dem Nil ein wenig hinter der Stadt Bubastis geleitet; an der arabischen Stadt Patumos geht er in's erythräische Meer.[1] Zuerst ist er nämlich in die ägyptische Ebene gegen Arabien hin eingestochen, an welche hinten das Gebirge stösst, welches sich nach Memphis zieht und die Steinbrüche enthält. Am Fusse eben dieses Gebirges ist der Ringgraben der Länge nach von Abend gegen Morgen hingeleitet; alsdann zieht er sich aber in Schluchten hinein und läuft vom Gebirge gegen Mittag und den Südwind in den arabischen Busen. Wo nun der kürzeste und nächste Durchweg aus dem nördlichen (mittelländischen) Meere in das südliche, eben dieses sogenannte erythräische, führt, das ist vom kasischen Gebirge, der Grenze Aegyptens und Syriens, gerade aus tausend Stadien in den arabischen Busen. Das ist der nächste Durchweg; aber der Ringgraben ist viel länger, insofern er mehr Krümmungen hat; und über dem Einstechen desselben unter König Neko gingen zwölfmal zehntausend Aegypter verloren. Neko hörte indessen mitten im Graben auf, da ihm eine Weissagung in den Weg trat, „dass er dem Barbaren vorarbeite."

In Diodors Bibliotheca historica I, 33 lesen wir Folgendes: „Von dem pelusischen Ausfluss führt ein künstlicher Canal in den arabischen Busen und das rothe Meer. Den ersten Versuch, denselben anzulegen, machte Neko, Psammetich's Sohn; nach ihm

---

[1] Ich interpunctiere so: ἦκται δὲ κατύπερθε ὀλίγον Βουβάστιος πόλιος· παρὰ δὲ Πάτουμον τὴν Ἀραβίην πόλιν ἐσέχει ἐς' τὴν Ἐρυθρὴν θάλασσαν. Larcher bemerkt zu dieser Stelle: Je ponctue avec M. Wesseling: ὀλίγον Βουβάστιος πόλιος· παρα Πάτουμον κ. τ. α. La conjecture de ce Savant est confirmée par le manuscrit B de la Bibliothèque du Roi. Mais le manuscrit D du Roi, en admettant la ponctuation du manuscrit B, change δὲ en δή: Ἐσέχει δὴ ἐς τὴν E. θ. In Uebereinstimmung mit dieser Interpunction liest auch der Aegyptologe Brugsch.

führte der Perser Darius das Werk fort bis auf einen gewissen
Punkt, liess es aber am Ende unvollendet, weil man ihm sagte,
das Durchstechen der Erdenge würde eine Ueberschwemmung
von ganz Aegypten zur Folge haben; man bewies ihm nämlich,
das rothe Meer sei höher als Aegypten. Später vollendete
Ptolemäus II den Canal und liess an der tauglichsten Stelle
eine mit vieler Kunst gebaute Schleuse anbringen. Diese liess
er zur Durchfahrt jedesmal öffnen und schnell wieder verschliessen;
so dass man sie nie länger, als es gerade nöthig war, offen liess.
Nach dem Erbauer des Canals heisst der durchfliessende Strom
Ptolemäus, und am Ausflusse liegt eine Stadt Namens Arsinoë."

Strabo hat (p. 804) folgende Erzählung: „Ein anderer Canal
aber ergiesst sich in das rothe Meer und den arabischen Meerbusen
bei der Stadt Arsinoë, welche einige Kleopatris nennen.
Er durchströmt auch die sogenannten Bitterseen, welche vormals
bitter waren; als aber der Canal gezogen war, veränderten
sie sich durch Zumischung des Stromes, so dass sie jetzt fischreich
sind und besetzt mit Wasservögeln. Gezogen wurde der
Canal anfänglich von Sesostris vor den troischen Geschichten;
Andere sagen, von des Psammetich's Sohne, welcher aber nur
begann und sodann sein Leben endete; späterhin vom ersten
Darius, welcher des Werkes Fortsetzung übernahm. Aber auch
dieser unterliess, von falschem Wahne beredet, das schon der Vollendung
nahe Werk; denn man beredete ihn, dass das rothe Meer
höher liege als Aegypten, und wenn die ganze Zwischenenge
durchgraben würde, Aegypten vom Meere überfluthet werde. Die
Ptolemäischen Könige aber gruben hindurch, und machten den
Meercanal durch Schleusen verschlossen, so dass sie, wie sie wollten,
ungehindert ins äussere Meer hinaus- und wieder hineinschiffen
konnten . . . Unweit Arsinoë liegt auch Heroopolis und Kleopatris
im Winkel des arabischen Busens neben Aegypten . . . . Der
Anfang des in das rothe Meer abfliessenden Canals beginnt
beim Flecken Phakusa, welchem sich auch der Flecken Philons
anschliesst. Der Canal hält hundert Ellen in Breite, und seine
Tiefe genügt schweren Lastschiffen."

Plinius[1] berichtet: „Sesostris, König von Aegypten, war der erste, welcher den Plan hatte, von hier (dem Hafen Daneum) aus einen schiffbaren Canal bis zu der Stelle des Nils, wo er das erwähnte Delta bildet, in einer Länge von 62,500 Schritten (welches die Entfernung des Flusses vom rothen Meere ist) zu ziehen; dann folgte Darius, der König der Perser, und endlich der zweite Ptolemäus. Dieser führte auch wirklich einen 100 Fuss breiten und 40 Fuss tiefen Graben auf einer Strecke von 37,500 Schritten bis zu den bittern Quellen fort. Weiter fortzuschreiten schreckte ihn jedoch die Furcht vor einer Ueberschwemmung ab; denn man hatte die Erfahrung gemacht, dass das rothe Meer 3 Ellen höher sei als das Land von Aegypten. Andere führen nicht diesen Grund an, sondern sagen, man habe gefürchtet, dass Nilwasser, welches einzig und allein zum Trinken diene, durch das Meerwasser zu verderben."[2]

Claudius Ptolemäus giebt[3] die Lage der Stadt Arsinoë zu 63° 20′ östl. L. und 29° 20′ nördl. B. und die der Stadt Heroopolis zu 63° 10′ östl. L. und 30° nördl. B. an. Nach der Stadt Heroopolis ist die Bemerkung hinzugefügt worden: „An dieser Stadt und an der Stadt Babylon fliesst der trajanische Fluss vorüber."[4] Er sagt weiter, dass Heroopolis an dem innersten Busen des rothen Meeres lag.[5]

Aristoteles erzählt,[6] dass Sesostris der erste der Alten war, der einen Canal zwischen dem Nil und dem rothen Meere zu graben versuchte; er fand aber das Meer höher als das Land. Daher hörte er zuerst und nachher ebenso Darius zu graben

---

[1] Histor. natur. VI, 33.
[2] Cfr. hiermit liber V, 12, wo gesagt wird, dass der nach Aegypten hin liegende Busen des rothen Meeres sinus Heroopoliticus hiess, und dass Agrippa die Entfernung von Pelusium bis Arsinoë, einer Stadt am rothen Meere, welche beide durch Wüsten von einander getrennt sind, auf 125,000 Schritte angiebt.
[3] Geogr. lib. IV, cap. 5.
[4] C. Ptolemäus, Geogr. lib., l. c. Δι' ἧς καὶ Βαβυλῶνος πόλεως Τραϊανὸς ποταμὸς ῥεῖ.
[5] C. Ptolemäus, ibid. Μέχρι τοῦ καθ' Ἡρώων πόλιν μυχοῦ τοῦ Ἀραβίου κόλπου, οὗ θέσις 63° 30′, 29° 50′.
[6] Meteorol. lib. I, 14.

auf, um das Flusswasser nicht durch Einmischung des Meereswassers zu verderben.

Wie man sieht, sind Herodot und Diodor darin einig, dass Neko der erste war, der den Canal graben liess, während Strabo, Plinius und Aristoteles sagen, dass Sesostris es that. Man identificirt gewöhnlich den letzteren mit Ramses II, und da Ramses II längs dem Canale Spuren hinterlassen hat, so müssen die letztgenannten Verfasser der Wahrheit näher sein als die ersteren. So wurde ein Theil Gosens, d. h. das Land, das auf beiden Seiten des Canals lag, Ramses nach dem Könige Ramses genannt.[1] In Septuaginta und in der koptischen Uebersetzung ist der Name Gosen in Genesis 46, 28 durch denselben Namen Rameses wiedergegeben. In dem heutigen Abu Kescheib, an dem alten Canale, ein Paar Meilen westlich von dem Timsahsee gelegen, hat man die Ruinen einer früheren Stadt gefunden, die man früher als von dem alten Ramses herrührend betrachtet

---

[1] I B. Mos. 47, 11: „Aber Joseph schaffte seinem Vater und seinen Brüdern Wohnung, und gab ihnen ein Gut in Aegyptenlande, am besten Orte des Landes, nämlich im Lande Raemses, wie Pharao geboten hatte." Wenn das Land Gosen schon zu dieser Zeit Raemses genannt wird, ist es offenbar, dass der Verfasser der Genesis sich einen Anachronismus zu Schulden kommen lässt; denn die Einwanderung der Israeliten fand ganz gewiss Statt, ehe ein Ramses in Aegypten regiert hatte. Der Ramsesname spielte indessen später in dem Canaldistricte eine so grosse Rolle, dass wir leicht begreifen können, wie ein späterer Verfasser den späteren Namen aufnehmen konnte, so wie niemand daran Anstoss nehmen kann, wenn ein jetziger Verfasser den Namen „England" in Erzählungen der Begebenheiten braucht, die vor der Einwanderung der Angler in Britannien Statt gefunden haben. Ich benutze die Gelegenheit hier auf diesen Anachronismus aufmerksam zu machen, weil man daraus zu schliessen berechtigt ist, dass ein ähnlicher Anachronismus sich auch in II B. Mos. 1, 11 findet, wo es heisst, dass die Kinder Israel dem Pharao die Städte Pithom und Raemses zu Schatzhäusern bauten. Man hat aus dieser Stelle den Schluss ziehen wollen, dass die Israeliten unter Ramses II in Aegypten ihre Frohnarbeit verrichteten; ich bin aber der Meinung, dass der Ramsesname ebenso gut hier wie in der ersten Stelle durch einen Anachronismus gebraucht worden sein kann, und dass man daraus folglich keinen Beweis in Bezug auf den Pharao entnehmen kann, unter dem die Kinder Israel frohnten. Die Schlüsse, die sich hieraus für die ägyptische Chronologie ziehen lassen, werde ich diesmal nicht näher besprechen; ich will hier nur beiläufig auf den Anachronismus in I B. Mos. 47, 11 aufmerksam machen, den niemand, so viel mir bekannt, früher hervorgehoben hat.

hat.[1] Unter den Ruinen findet sich ein Steinmonument, das den König Ramses II zwischen den Göttern Ra und Atum darstellt, woraus hervorgeht, dass Ramses II daselbst als Schutzgott verehrt wurde. Wir müssen aus diesen Zeugnissen berechtigt sein zu schliessen, dass schon in den Zeiten des Königs Ramses II hier ein Canal sich fand, da weder die Stadt Raemses noch weniger die fruchtbare Landschaft Raemses, die alle beide nach dem besagten Könige benannt sind, ohne einen solchen Canal haben existiren können. Indem wir somit annehmen, dass Aristoteles, Strabo und Plinius der Wahrheit näher sind, wenn sie erzählen, dass Sesostris der erste war, der den Canal graben liess, als Herodot und Diodor, die dem Pharao Neko diese Ehre zuschreiben, thun wir es um so getroster, als wir uns ohne Schwierigkeit den Irrthum der letztgenannten Verfasser erklären können. Es ist nämlich unzweifelhaft, dass Neko wirklich den Canal wieder aufs neue aufgraben liess, nachdem der alte versandet war, und dann lag es ja sehr nahe, dass Neko sich die Ehre zuschrieb das grosse Werk ausgeführt zu haben, ohne die Verdienste seiner Vorgänger gebührend anzuerkennen. Wir sehen, dass die späteren Fürsten, die den Canal wieder aufgraben liessen, ihn aus demselben Grunde mit ihren Namen belegten. So nannte Ptolemäus II ihn, nach Diodor, den ptolemäischen Canal, und der Geograph und Astronom Cl. Ptolemäus erzählt, dass Trajan oder vielleicht sein Nachfolger Hadrian ihn den trajanischen benannte.

Ich wage aber noch einen Schritt weiter zu gehen. Es ist nämlich Grund vorhanden anzunehmen, dass der Canal schon vor den Zeiten des Ramses II existirte. Ich muss in dieser Beziehung wieder auf den Umstand aufmerksam machen, dass die Israeliten, als sie in Aegypten einwanderten, in den Gegenden westwärts von dem Timsahsee ab fruchtbares Land vorfanden, was unmöglich gewesen sein würde, wenn nicht schon in jenen Zeiten ein Canal von dem Nil ostwärts gegangen wäre. Zweitens, und dies ist ein Moment von noch grösserer Beweiskraft, ist der Canal auf Monumenten von der Zeit des Seti I genannt

[1] Die Ausgrabungen Navilles haben jetzt gezeigt, dass hier die Stadt Pithom lag.

worden;[1] und endlich fand sich, wie wir gleich sehen werden, noch früher eine, wenn nicht mehrere Städte in dem Canaldistricte, die ohne einen Nilcanal unmöglich haben bestehen können.

Wer ist es nun, der den ersten Canal hier gegraben hat? Es ist nicht möglich dies mit Bestimmtheit zu sagen, da wir keinen ganz zuverlässigen Bericht darüber haben. Indessen liegt es ziemlich nahe an Amenemha III, Herodots Möris zu denken, der den Mörissee graben liess, und der überdies in seinen Höhenmarken unterhalb des zweiten Wasserfalles, die den Wasserstand des Niles in vielen seiner Regierungsjahre angeben, noch redende Zeugnisse der Sorgfalt, mit der er die jährlichen Ueberschwemmungen des Niles beobachtete, hinterlassen hat. Zwar müssen die Nachrichten Aristoteles', Plinius' und Strabos, dass Sesostris den Canal zuerst gegraben hat, unseren Gedanken am nächsten auf Ramses II leiten, da man gewöhnlich glaubt, dass die Grossthaten, welche die griechisch-römischen Verfasser dem Sesostris zuschreiben, am besten mit der Geschichte des Ramses II übereinstimmen, so wie die ägyptischen Denkmäler sie erzählen, und da dieser Pharao, wie früher gesagt, ausserdem so viele Spuren längs dem Canale hinterlassen hat. Aber es ist auf der anderen Seite nicht weniger gewiss, dass der Sesostris der classischen Autoren sich stark dem Begriffe eines ägyptischen Fabelhelden nähert, in dessen eine Person man beinahe Alles gesammelt hat, was grosses und rühmliches im alten Aegypten ausgeführt worden ist. Insofern die Namensähnlichkeit etwas zu bedeuten hat, so könnte der Name Sesostris mit dem Königsnamen Usertesen (geradezu Sesostris geschrieben in der manethonischen Liste sowohl des Africanus als des Eusebius),[2] der in der Geschichte der XII Dynastie mit so vieler Glorie des Glanzes und der Berühmtheit strahlt, viel-

---

[1] Brugsch, Die Geographie des alten Aegyptens, S. 264; zwar hat der Verfasser später seine Ansicht verändert, aber, wie ich glaube, mit Unrecht.

[2] Syncellus, p. 59, C und p. 60, C.

leicht zusammengestellt werden.[1] Der Canalbauer Sesostris des Aristoteles und der beiden anderen genannten Verfasser kann daher recht gut jener Amenemha III sein, der sich so sehr durch seine Canalarbeiten auszeichnete, indem seine Person in der Tradition mit dem gleichzeitig regierenden und kriegerisch berühmten König Usertesen III zusammenschmolz.[2] Ohne grosses Gewicht auf diese Identification zu legen, muss ich doch darauf bestehen, dass der Canal schon in den Zeiten, als die Israeliten in Aegypten einzogen, also lange vor der Regierung des Ramses II, jedenfalls als Bewässerungscanal existirte.[3] Weiter kennen wir wenigstens eine Stadt von alter Zeit in diesen Gegenden, nämlich Zalu, die nach Brugsch mit der Stadt Heroopolis, auch Pithom genannt, identisch war und unter Thotmes III existirte.[4] Wahrscheinlich existirte auch die Stadt Ramses, natürlicherweise doch unter einem anderen Namen, ebenso frühzeitig, da sie in der Bibel gleichzeitig mit Pithom gestellt ist.

Obgleich aber Canal und Städte sich in der Landschaft Gosen vor der Zeit des Ramses II fanden, so muss doch der ganze District unter diesem Könige einen grossen Aufschwung genommen haben. Er hat wahrscheinlich den Canal vertieft und erweitert, er hat wieder aufgebaut oder restaurirt und verschönert schon existirende Städte, wie Ramses und Pithom, wo sein Bild neben denen der Götter Ra und Atum für den Cultus aufgestellt wurde, und diese landesväterliche Wirksamkeit hat er dadurch verewigt, dass er der ganzen Landschaft und ihrer Hauptstadt seinen eigenen Namen Ramses gegeben hat, welcher Name so festen Fuss fasste, dass spätere Verfasser ihn durch einen Anachronismus auf Begebenheiten überführten. die lange

---

[1] Brugsch, Histoire d'Égypte, S. 137, leitet den Namen Sesostris von Sesetsu, dem Beinamen des Ramses II ab, Sesostris steht doch dem Usertesen (Sesostris) lautlich eben so nahe wie dem Sesetsu.
[2] Vergl. meine Aegyptische Chronologie, Christiania 1863, S. 100 fl.
[3] Cf. Sam. Clark, The Bible Atlas, 1868, S. 18, III, wo die Meinung ausgesprochen wird, dass der Canal schon unter der zwölften Dynastie vorhanden war.
[4] Brugsch, Die Geographie des alten Aegyptens, S. 260 fl. Auch hier hat der gelehrte Verfasser später, in Geschichte Aegyptens, S. 189, seine Ansicht geändert.

vor der Zeit des Ramses II Statt gefunden hatten, wofür die Stellen I Mos. 47, 11 und II Mos. 1, 11 als Beispiele dienen können.[1]

Was den Auslauf des Canals in das rothe Meer betrifft, so sind ebenfalls die Nachrichten der Alten verschieden, aber doch nur scheinbar. Herodot sagt, dass er an der arabischen Stadt Patumos in das rothe Meer geht, Claud. Ptolemäus, dass er an der Stadt Heroopolis vorüber fliesst, und dass Heroopolis an dem innersten Busen des rothen Meeres lag. Diese beiden Angaben laufen indessen auf Eins hinaus, wenn Patumos, wie die Meisten annehmen, derselbe Name und dieselbe Stadt wie Pithom ist, indem Pithom nach Septuaginta und der koptischen Bibelübersetzung identisch mit Heroopolis war, so nämlich, dass Pithom der ägyptische und Heroopolis der griechische Name derselben Stadt war. Der französische Gelehrte d'Anville und später der Aegyptologe Brugsch haben auf diese Uebersetzung aufmerksam gemacht. Es ist die Stelle I Mos. 46, 28, die in dem hebräischen Texte lautet: „Und er (Jakob) sandte Juda vor ihm hin zu Joseph, dass er ihn anweisete zu Gosen; und kamen in das Land Gosen." Septuaginta übersetzt diese Stelle: . . . . „und begegnete ihm an Heroopolis im Lande Ramesse", die koptische Uebersetzung aber giebt sie so wieder: . . . . „an der Stadt Pithom im Lande Rameses."

Champollion, der Vater der Aegyptologie,[2] Mannert[3] und später Schleiden[4] haben dagegen Einwendungen gemacht und behaupten, dass die siebzig Erklärer durch ein Missverständniss des hebräischen Textes hier den Stadtnamen Heroopolis, wovon im Urtexte keine Rede sei, hineinbekommen haben, und dass die koptische Uebersetzung hierdurch verleitet auf's Gerathewohl Pithom anstatt Heroopolis eingeschrieben habe.[5] Obwohl es

---

[1] Cfr. meine Aegyptische Chronologie, S. 117 fl.
[2] Champollion le Jeune, L'Égypte sous les Pharaons, Paris 1814, II, S. 60 ff.
[3] Mannert, Geographie der Griechen und Römer, 1825, Theil X, Abtheil. I, S. 516.
[4] Schleiden, Die Landenge von Suès, 1858, S. 122 ff.
[5] Ich werde die Worte Champollions anführen, weil er am kürzesten und deutlichsten die Einwendung formulirt hat: Les Septante, d'ailleurs fort

immer seine Bedenklichkeit hat, wenn man, um eine Meinung zu wiederlegen, genöthigt ist einen Fehler in der Quellenschrift zu statuiren, werde ich doch nicht darüber streiten, in wie fern die siebzig Erklärer, die wahrscheinlich als die tüchtigsten Hebräisten ihrer Zeit betrachtet wurden, da ihre Uebersetzung ein grosses Ansehen hatte, wirklich im Hebräischen so unwissend waren, dass sie den besagten Fehler haben machen können; aber wenn man auch annehmen will, dass sie ihren Urtext missverstanden haben, wird doch ein Umstand zurückbleiben, auf dem man nicht genug aufmerksam gewesen zu sein scheint, und der daher hervorgehoben werden muss, und der ist, dass Heroopolis oder Pithom eine Lage gehabt haben muss, die mit der erzählten Begebenheit passte. Jedenfalls ist es gewiss, dass Heroopolis zu der Zeit existirte, als Septuaginta übersetzt wurde, da diese Stadt noch viel später, z. B. im Itinerarium Antonini, genannt wird, und dann kann man doch unmöglich den siebzig Erklärern die Gedankenlosigkeit zuschreiben, dass sie Heroopolis, dessen Lage sie kennen mussten, in einer Verbindung genannt hätten, in welche es seiner Lage wegen nicht gebracht werden konnte. Dasselbe kann in Beziehung auf Pithom in der koptischen Uebersetzung gesagt werden, insofern man nicht glauben will, dass der koptische Uebersetzer ohne Sinn und ohne Kritik — *au hasard*, wie Champollion sagt — den ersten besten Namen, der ihm in die Feder kam, niedergeschrieben habe. Indessen muss zugegeben werden, dass hier eine Irrung nicht unmöglich ist, da wir nicht bestimmt wissen, inwiefern der Name Pithom gleichzeitig mit dem andern Namen Heroopolis im Gebrauch war,[1]

---

ignorants en géographie, ont pris le gérondif hébreu Liharout, ad præparandum, pour un nom de ville, précédé de la particule L, ad; et comme le mot Harout qu'ils prenaient, mais à tort, pour ce nom de ville, avait quelque rapport avec celui de Ἡρων ou Hérôopolis, ils n'ont point balancé à mettre dans leur traduction καθ' Ἡρωων πολιν, au lieu de προς το παρασκευαζειν, ad præparandum .... Les Coptes faisant en leur langue la version des livres saints, et ne trouvant point dans l'hébreu le nom égyptien d'Hérôopolis, y substituèrent, au hasard, celui de Pithom, ville dont il est réellement question dans l'Exode.

[1] Es ist übrigens eine bekannte Sache, dass die ägyptischen Städte in der Regel zwei gleichzeitig gebrauchte Namen, einen heiligen und einen profanen, hatten, wie Hakaptah und Memfis, Noamon und Theben u. s. w.

oder, falls er ein älterer Name war, inwiefern er durch eine lebende und zuverlässige Tradition auf Heroopolis überführt wurde. Die ägyptischen Inschriften kennen eine Stadt Namens Pithom, d. h. die Stadt des Gottes Tum, aber sie lehren uns nicht die Lage genau kennen,[1] nur dies, dass sie am „Mund des Ostens" lag. (Dümichen, Die Flotte einer ägyptischen Königin, S. 15).

Es kommt hier aber nicht so sehr auf die koptische Uebersetzung an. Gesetzt, dass wir nicht mit Bestimmtheit sagen können, dass Pithom mit Heroopolis identisch ist; gesetzt, dass die geänderte Interpunction der herodotischen Stelle II, 158 nicht richtig ist, so dass die Stadt Patumos an das westliche Ende des Canals, anstatt, wie ich glaube, an das östliche, verlegt werden muss, zwei Annahmen, die man, wie ich zugebe, bestreiten kann, — eins bleibt doch zurück, was sich nicht bestreiten lässt, dass nämlich wenigstens einer der Alten, Claud. Ptolemäus, sagt, dass der Canal an der Stadt Heroopolis in das rothe Meer fliesst.

Es wird hier nothwendig sein die Lage des Heroopolis zu bestimmen, und da dies ein sehr streitiger Punkt ist, werde ich näher dabei verweilen.

Claud. Ptolemäus sagt, dass Heroopolis an dem innersten Busen des rothen Meeres lag,[2] Plinius nennt „den nach Aegypten hin liegenden Busen" des rothen Meeres sinus Heroopoliticus,[3] und Strabo erzählt, dass Heroopolis im Winkel des arabischen Busens neben Aegypten lag.[4] Indem man nun vermuthete, dass das rothe Meer vormals wie jetzt nicht weiter gegen Norden als bis Suez ging, musste Heroopolis, den Erzählungen der genannten Verfasser zufolge, ebenfalls in der Nähe des gegenwärtigen Suez gelegen sein. Dies war auch früher die allgemeine Meinung. So verlegt Mannert Heroopolis nach dem Chaluf-Plateau, d. h. nach dem Plateau zwischen den Bittenseen und

---

[1] Dies war geschrieben, bevor ich die Resultate der Ausgrabungen Naville's kannte. Von diesen werde ich nachher ausführlicher sprechen.
[2] Geogr. lib. IV, cap. 5.
[3] Plinius, Histor. natur., liber V, 12.
[4] Strabonis Geographica p. 804.

dem Suez-Busen.¹ Lottin de Laval² behauptet, dass die Namen Patumos, Heroopolis, Arsinoë, Cleopatris, Clysma und Kolzum ein und dieselbe Stadt bezeichneten, die in der Nähe des heutigen Suez lag, indem die Namen mit den Zeiten gewechselt haben sollen. Als Beweis dieser unrichtigen Behauptung führt er wunderlich genug an, dass der Astronom und Geograph Ptolemäus die Stadt Heroopolis unter 30° nördl. B. setzt, und dass Suez nach den neueren Observationen unter 29° 59′ 10″ nördl. B. liegt. Hierin würde ein Beweis liegen, falls die Bestimmung des Ptolemäus absolut richtig wäre; da wir aber wissen, dass sich öfters kleinere Fehler in seinen Breiteangaben finden, kann natürlich nichts aus einer Uebereinstimmung, wie die genannte ist, geschlossen werden.

Unter den Forschern, die Heroopolis nach der Gegend von Suez verlegen, muss Schleiden genannt werden.³ Er sucht zu beweisen, dass die oft genannte Stadt etwa eine Meile im Norden von Suez lag.

Es kann doch vernünftiger Weise kein Zweifel mehr daran obwalten, dass Heroopolis weiter gegen Norden zu, und zwar in der Nähe des Timsahsees auf der Westseite desselben gelegen haben muss. In wie fern es, wie Lepsius meint,⁴ an Makfar lag, wo man die Ruinen einer alten Stadt gefunden hat, werde ich unentschieden sein lassen; aber gewiss ist jedenfalls, dass es in der Nähe desselben lag. Als Beweis werde ich zuerst denselben Ptolemäus anführen, der Lottin de Laval irre leitete. Ptolemäus giebt, wie gesagt, die Lage der Stadt Heroopolis zu 30° nördl. B., die der Stadt Arsinoë aber zu 29° 20′ an. Nun wissen wir, und darüber sind, so viel ich weiss, Alle einig, dass dies Arsinoë an dem heutigen Suez lag. In Folge dessen muss Heroopolis 40′ im Norden von Suez gelegen haben, was ja mit der von mir supponirten Lage stimmt. Es ist wahrscheinlich

---

[1] Mannert, Geographie der Griechen und Römer, X Th., 1 Abth. S. 515.
[2] Voyage dans la peninsule Arabique du Sinaï et l'Égypte moyenne, S. 61.
[3] Schleiden, Die Landenge von Suês, S. 111 ff.
[4] Lepsius, Die Chronologie der Aegypter, I, S. 345 ff.

überflüssig zu bemerken, dass es hier nicht darauf ankommt, in wie fern die Bestimmungen des Ptolemäus absolut richtig sind oder nicht; was für die gegenwärtige Frage von Wichtigkeit ist, ist das relative Verhältniss der beiden genannten Städte. Es ist ganz sonderbar, dass Lottin de Laval, der Ptolemäus anführt und benutzt, nicht eingesehen hat, dass Heroopolis und Arsinoë zwei verschiedene Städte sein mussten, wenn jener alte Geograph und Astronom sie 40′ von einander getrennt sein lässt.

Zweitens will ich das Itinerarium Antonini anführen, das einen entscheidenden Beweis abgiebt für die Richtigkeit unserer Bestimmung der Lage Heroopolis in der Nähe des Timsahsees. Dies giebt folgende Distancen an: Babylonia (Alt-Kairo) 12 tausend Passus, Heliu 12 t. P., Scenas Veteranorum 18 t. P., Vico Judæorum 12 t. P., Thou 12 t. P., Hero 24 t. P., Serapio 18 t. P., Clysma 50 t. P. Von diesen Localitäten sind vier früher bekannt. nämlich Babylon und Heliopolis im Westen und Serapio und Clysma im Osten. Zwar sind die Meinungen darüber streitig. in wie fern Clysma an dem heutigen Suez oder demselben gegenüber auf der Ostseite der Suezbucht lag;[1] einige, wie Mannert,[2] nehmen sogar an, dass zwei ziemlich weit von einander liegende Städte diesen Namen trugen; aber man ist doch in der Hauptsache darüber einig, dass Clysma unter der nämlichen nördlichen Breite wie Suez lag, was auch mit der Angabe des Ptolemäus stimmt. Was Serapio betrifft, kann seine Lage in der Nähe der Canalstation Serapeum nicht weit von dem nördlichen Ende der Bitterseen nicht zweifelhaft sein.[3] Von Babylon ging der Weg gegen Norden nach Heliopolis und von Clysma ebenfalls nördlich nach Serapeum, hatte also sowohl im Westen als im Osten eine Richtung, die parallel mit dem Canal und dem Wasserweg war. In welche Richtung ging nun der

---

[1] Brugsch, Wanderung nach den Türkis-Minen und der Sinai-Halbinsel, S. 9 fl. sieht in Kum-el-Qolzum, d. h. „Kolzums Ruinhügel", der im nordwestlichen Ende der Stadt Suez liegt, das alte Clysma.

[2] Geogr. d. Gr. u. R. Th. X, Abth. 1, S. 8.

[3] Monatsberichte d. k. Akad. d. Wissensch. zu Berlin, 1866, S. 287.

Weg von den beiden nördlichen Stationen Serapeum und Heliopolis? Natürlich nicht geraden Weges von Osten nach Westen quer durch die Wüste, wo sich keine Stationen fanden, und wo keinesfalls die Stadt Heroopolis liegen konnte, sondern ebenfalls längs des Canales und des vom Canale befruchteten Thallandes. Auch ist dieser Weg der einzige, der mit den Längenangaben des Itinerarium passt. Ich werde die einzelnen Zahlen betrachten, indem ich mit Clysma den Anfang mache. Von Clysma nach Serapeum werden 50 tausend Passus aufgeführt, die 74 Kilometres gleichkommen.[1] Die von der Canalcompagnie gemachten Messungen geben eine Länge von 70 Kilometres von dem nördlichen Ende der Bitterseen bis zum heutigen Auslauf des Canals ins rothe Meer; dies ist aber die Länge des Canals, der in ziemlich gerader Direction von Norden nach Süden läuft, und der Weg von Serapeum nach Clysma muss daher nothwendig ein wenig länger sein. Dies stimmt also vollständig, gleichgültig ob der Weg auf der Ostseite oder der Westseite der Bitterseen ging. Ich bin doch geneigt zu glauben, dass Clysma auf der Ostseite des arabischen Busens lag, und dass folglich der Weg von da nordwärts auf der Ostseite der Bitterseen ging, auf welcher Strecke sich Spuren eines alten Weges finden. Von Serapeum nach Heroopolis sind 18 tausend Passus oder $26^3/_5$ Kilometres, ungefähr der Abstand zwischen Serapeum und Makfar, in dessen Nähe, meiner Meinung nach, Heroopolis gelegen war. Die Lage der im Itinerarium zwischen Heroopolis und Heliopolis angegebenen Stationen kennen wir nicht, und wir können somit nicht die für sie angeführten Einzeldistancen nachmessen,[2] allein die Summe derselben macht 66 tausend Passus oder beinahe 98 Kilometres, was gut mit dem Abstand zwischen Makfar

---

[1] Mahmoud-Bey, Mémoire sur l'antique Alexandrie, S. 129 setzt mille romain $= 1479^m, 5$; Lepsius, Die Längenmasse der Alten, S. 12 setzt einen Passus $= 1.480^m$.

[2] Da ich glaube, dass Pithom identisch mit Heroopolis war, kann ich natürlich nicht mit denen einig sein, die meinen, dass Thou und Pithom nur verschiedene Formen desselben Namens seien.

und Heliopolis stimmt, wenn wir uns den Weg auf dem Wüstenrande längs dem Canale fortgesetzt denken.[1]

Mannert hat[2] durch eine unglückliche Benutzung des Itinerarium Antonini lauter Verwirrung in die Sache gebracht. Er legt, im Streit mit Ptolemäus, die Stadt Heroopolis auf das Chaluf-Plateau zwischen den Bitterseen und der Suezbucht, bestimmt aber doch richtig die Lage Serapeums am Nordende der Bitterseen. Er lässt zuerst das Itinerarium den Abstand von Babylon über Thou nach Hero (Heroopolis) angeben, darnach nordwärts von Hero nach Serapio, so wieder südwärts über Hero nach Clysma und lässt endlich das Itinerarium einen Sprung zurück nach Serapeum machen, um von da die Route nordwärts nach Pelusium fortzusetzen. Diese Auffassung ist nicht nur künstlich und ungereimt, sondern, dem Itinerarium, der einzigen Quelle Mannerts zufolge, geradezu unmöglich. Das Itinerarium setzt den Abstand zwischen Babylon und Heroopolis auf 78 tausend Passus oder $15^1/_2$ geographische Meilen. Obgleich Mannert den Meridianabstand nimmt, also den kürzesten Abstand, der möglich ist, zwischen Babylon und dem Orte, wo Heroopolis seiner Meinung nach lag, so kommt er doch zu kurz; denn der Meridianabstand ist 1° 17', der unter dieser geographischen Breite 16 geogr. Meilen macht. Der kürzest mögliche Abstand ist demnach länger als die angegebene Weglänge. Demnächst aber macht sich Mannert des Selbstwiderspruchs schuldig, wenn er den kürzest möglichen Abstand nimmt, da er zuerst den Weg in nordöstliche Richtung nach Thou und darnach in südöstliche nach dem vermeintlichen Hero gehen lässt.[3] Endlich ist er in Streit mit der

---

[1] Zur Vergleichung kann angeführt werden, dass die Eisenbahn von Zagazig nach Ismaïlia eine Länge von 76 Kilometres hat. Siehe Guide général d'Égypte, troisième année, S. 28.

[2] Geographie d. Griechen und Römer, X Th. 1 Abth. S. 485 ff.

[3] Dies giebt er theilweise selbst zu, indem er sagt: „Dessen ungeachtet gebe ich gern zu, dass in den Zahlen des Itinerarium Antonini einige Milliarien zu wenig vorkommen mögen, weil schwerlich die Richtung einer angelegten Strasse mit ihren unvermeidlichen Beugungen sich so sehr der geraden astronomischen Linie nähern kann." Das Zugeständniss ist unvollständig, da der Verfasser verschweigt, dass er selbst den Weg in einem Bogen gegen Norden gehen lässt.

vom Itinerarium aufgeführten Distance zwischen Hero und Serapio; denn wenn Hero wirklich auf der Südseite der Bitterseen gelegen wäre, so würden 18 tausend Passus oder $26^2/_3$ Kilometres ein zu kurzer Abstand sein von da nach Serapio, das am Nordende derselben lag, da die Bitterseen allein eine Länge von 40 Kilometres haben.

Indem ich Mannert verlasse ohne weiter bei seinen übrigen Speculationen auf dem Gebiete der ägyptischen Archäologie zu verweilen, z. B. bei der Fabel von der „Statue des syenitischen Baumeisters Memnon",[1] werde ich Schleidens Bestimmungen der Lage Heroopolis mit einigen Worten besprechen. Er legt diese Stadt etwa $1^1/_2$ Meilen im Nordwesten von Suez. Er giebt selbst zu, dass er dadurch in Streit mit dem Itinerarium Antonini gerathe in Beziehung auf den Abstand zwischen Thou und Hero, der mit 24 tausend Passus aufgeführt ist, und er verändert daher die Zahl ohne weiteres zu 64 tausend Passus.[2] Dagegen bemerkt er nicht, dass der Abstand zwischen Hero und Serapeum auch zu gross wird, nämlich etwa 28 tausend anstatt der 18 t. Passus des Itinerarium; er erwähnt auch nicht, dass er in Streit mit Cl. Ptolemäus kommt, der Heroopolis 40′ nördlicher als Arsinoë setzt,[3] während diese beiden Städte nach Schleiden nur $1^1/_2$ Meilen von einander entfernt sind. Trotz der grossen Gelehrsamkeit des Verfassers kann ich ihm in diesem Punkte nicht beistimmen, da mehrere Gründe gegen ihn sprechen, während die Gründe, die er für seine Meinung anführt, eigentlich nichts anders beweisen, als dass Heroopolis in der Nähe von dem innersten Busen des rothen Meeres gelegen war, was wohl Niemand leugnen will.

Claud. Ptolemäus und Itinerarium Antonini zwingen uns Heroopolis im Westen des Timsahsees zu placiren, da die Forscher, die es eine andere Lage geben, mit den genannten Quellen in Streit kommen. Wenn wir es dorthin verlegen, kommen wir, wie oben gezeigt, nicht allein in die beste Uebereinstimmung mit

---

[1] Geographie d. Gr. u. R. X Th. 1 Abth. S. 348.
[2] Schleiden, Die Landenge von Suês, S. 120.
[3] Siehe oben S. 111.

diesen Verhältnissen, sondern auch mit einem anderen, früher berührten Umstand. Nach Septuagintas Uebersetzung von I Mos. 46, 28 begegnete Joseph seiner Familie, die von Kanaan nach Aegypten reiste, in der Stadt Heroopolis. Hätte Heroopolis in der Nähe von Suez gelegen, würde es ein allzu grosser Abstecher von dem gewöhnlichen Wege gewesen sein, und dieser Weg ging ohne Zweifel damals wie später im Norden der Bitterseen, da es (Exodus, 13, 17 fl.) heisst, dass Gott die Kinder Israel nicht auf der Strasse durch der Philister Land, die am nächsten war, sondern um auf die Strasse durch die Wüste am Schilfmeer (den Bitterseen) führte. Der Weg der Wüste an den Bitterseen nach Suez war somit abwärts von der Strasse nach der Philister Land gelegen, so dass wir nicht Heroopolis nach Suez verlegen können, während es dagegen, wenn es, wie ich glaube, im Norden der Bitterseen lag, ein sehr passender Zusammenkunftsort für Joseph und seine Familie war. Ich will hiermit nichts in Bezug auf die Richtigkeit der Uebersetzung Septuagintas an und für sich entscheiden; ich meine nur, dass die siebzig Erklärer die Lage des zu ihrer Zeit existirenden Heroopolis haben kennen müssen, und dass sie es unmöglich in dieser Verbindung würden genannt haben, wenn es in der Nähe von Suez gelegen hätte.

Kann aber die Lage Heroopolis' in der Nähe des Timsahsees als ausgemacht angesehen werden, ist es auf der andern Seite nicht weniger gewiss, dass sie nahe an den innersten Busen des rothen Meeres zu setzen ist. Strabo und Ptolemäus sagen es mit deutlichen Worten, und Plinius nennt diesen Busen sinus Heroopoliticus. Ferner giebt Ptolemäus an, dass Heroopolis unter 30^0 nördl. B. und der innerste Busen des rothen Meeres unter $29^050'$ lag; diese beiden Stellen waren somit nur $10'$ von einander entfernt. Aus dieser Bestimmung geht indessen hervor, dass Heroopolis nicht unmittelbar am Meerbusen lag, was auch mit dem Itinerarium Antonini stimmt, das 18 tausend Passus zwischen Serapeum, das wahrscheinlich am innersten Busen lag, und Heroopolis angiebt; denn zwar geben $10'$ nur einen Abstand von $2^1/_2$ geogr. Meilen, während 18 tausend Passus $3^1/_2$ geogr. Meilen sind, aber dieser Unterschied lässt sich dadurch leicht erklären,

Die Colonien der Pun-Phöniker. 117

dass Heroopolis nicht im Norden, sondern nordwestlich von Serapeum lag. Der Umstand aber, dass Heroopolis ein wenig entfernt von dem Busen lag, ist kein Hinderniss, dass es recht gut zu einer Zeit, da es die wichtigste Stadt in diesen Gegenden war, dem Busen seinen Namen hat geben können. In dieser Beziehung brauche ich nur an Bristol und die Bristolbucht zu erinnern, die ziemlich weit von einander entfernt sind.

Aus dem hier Entwickelten ersehen wir, dass die Bitterseen zu dem rothen Meere als dessen innerster Busen gerechnet worden sind. Alle stimmen darin überein, dass sie einst in natürlicher Verbindung mit diesem Meere gestanden haben müssen; man ist nur uneinig in Bezug auf die Zeit, wann dies Statt fand. Eins kann doch nicht in Zweifel gezogen werden, dass nämlich die Bitterseen in der historischen Zeit bitteres Wasser gehabt haben, was natürlich nichts anderes als stark salziges Wasser bedeutet. Dies liegt erstens in dem Namen selbst; zweitens sagt Strabo in dem oben angeführten Citat ausdrücklich, dass die genannten „Seen vormals bitter waren; als aber der Canal gezogen war, veränderten sie sich durch Zumischung des Flusswassers, so dass sie jetzt fischreich sind und besetzt mit Wasservögeln."[1] Dass Ptolemäus Philadelphus der erste war, der den Nilcanal in die Bitterseen hineinleitete, geht aus den Worten Strabos und Diodors deutlich hervor. Zwar war der Canal auch früher vorhanden, aber aus Furcht vor einer Ueberschwemmung, oder das Nilwasser, welches zum Trinken diente, durch das Meerwasser zu verderben, war die Canalarbeit nicht zu Ende gebracht worden, indem man eine kleine Landzunge zwischen dem Canal und den Bitterseen verbleiben liess. Diese liess Ptolemäus durchbrechen und legte daselbst Schleusen an um die directe Verbindung herzustellen. Aber wenn Ptolemäus der erste war, der das Nilwasser in die Bitterseen hineinleitete, so haben sie vor dieser Zeit ihr Wasser ausschliesslich aus dem rothen Meere bekommen. Hieraus

---

[1] Wir müssen annehmen, dass die Bitterseen in der Zwischenzeit, da ihre Verbindung mit dem rothen Meere unvollständig geworden und das Canalwasser noch nicht in sie hineingeleitet worden war, in einem Verdampfungszustande, wie das todte Meer, waren, und dass sie, wie dieses, ihres bitteren Wassers wegen, alles Lebende verscheuchten.

folgt indessen, dass sie früher, und zwar nicht lange vor Ptolemäus' Zeit, in Verbindung mit diesem Meere gestanden haben müssen, da das Verdampfen bei der hohen Temperatur Aegyptens ziemlich schnell vor sich geht.[1] Es ist bekannt, dass die Bitterseen, bevor Lesseps durch seinen maritimen Canal das Meerwasser in sie geleitet hatte, ganz trocken waren; der Boden war mit einer dicken Salzschicht und mit Muscheln bedeckt, was beweist, dass das Meer früher in ihnen gestanden hat. Zur Zeit der Ptolemäer war noch in ihnen Salzwasser; die Verbindung mit dem Meere muss aber einige Zeit, kaum etwa hundert Jahre vorher, theilweise abgebrochen, und das Wasser derselben durch Verdampfung bedeutend vermindert worden sein, da ihr Wasser, als Ptolemäus das Nilwasser in sie geleitet hatte, süsser wurde, wie wir aus der Erzählung Strabos ersehen. Durch die allmähliche Erhebung des Landes ist die Communication mit dem Meere abgebrochen worden,[2] und schon zur Zeit Darius' war sie unvollständig, weil er den Canal graben oder vielmehr den Wasserlauf zwischen den Bitterseen und der Suezbucht vertiefen musste. Die Denkmäler, die Darius längs diesem Canale hinterlassen hat, zeugen noch von seiner Arbeit.[3] Aber wenn auch

---

[1] Cf. Schleiden, Die Landenge von Suês, S. 92: „Nach den Versuchen der ägyptischen Ingenieure beträgt die Verdunstung in dem warmen und fast ewig heitern Klima jährlich im Mittel $9^{1}/_{4}$ Par. Fuss (3.033 Meter). Lesseps giebt diese Beobachtung selbst als nur sehr annäherungsweise richtig an. Reduciren wir dieselbe aber auch auf 3 Fuss für das Jahr, so bedarf es nur eines Zeitraums von 15 bis 20 Jahren, um die Bitterseen trocken zu legen, sobald sie keinen Zufluss erhalten. Zu Herodots Zeiten müssen sie also jedenfalls noch vollkommen mit Wasser gefüllt gewesen sein und die ganz vom Wasser durchtränkte Suêsbarre wird sie nur sehr langsam haben austrocknen lassen."

[2] Cf. Percement de l'isthme de Suez par Ferd. de Lesseps, II, S. 104, wo in Bezug auf die Bitterseen gesagt wird: „Le fond du bassin est du sable recouvert de coquilles marines, en plus ou moins grande abondance et de sulfate de chaux cristallisé. La partie la plus profonde du bassin est occupée par une épaisse couche de sel marin. En certaines parties, on trouve l'ancien rivage parfaitement accusé par des bourrelets de petit galet et de coquilles, analogues à ceux que la mer présente sur son rivage. Ces bourrelets sont au nombre de trois, étagés à des hauteurs différentes."

[3] Monatsbericht d. Kgl. Akademie d. Wissensch. zu Berlin, 1866, S. 284 ff.

die Passage im Süden der Bitterseen zur Zeit des Darius zu seicht für Schiffe geworden war, so dass er sie vertiefen musste, war sie doch tief genug um den Wassern des rothen Meeres in die Bitterseen freien Lauf zu geben, und wir nehmen daher an, dass sie auch vor der Ausgrabung des Darius von Meerwasser voll waren, weil er nach dem, was Strabo und Diodor erzählen, sie nicht in directe Verbindung mit dem alten Canale zu setzen wagte aus Furcht, dass sie das ganze Land überschwemmen könnten. Vor der Zeit des Darius müssen die Bitterseen und der Canal in demselben Verhältnisse zu einander gestanden haben. Die Bitterseen waren in natürlicher und vollständiger Verbindung mit dem rothen Meere, von dessen Wasser sie voll waren, und der Nilcanal war von Neko und den früheren Pharaonen, die ihn gegraben hatten, nur in die Nähe derselben, nicht ganz in sie hinein geführt worden.

Auf diese Weise können wir uns erklären, dass die Bitterseen als zum rothen Meere gehörig, als dessen innerster Busen betrachtet werden konnten; denn sei es, dass sie, wie vor Darius' Zeit der Fall war, in natürlicher Verbindung, oder dass sie, wie nach seiner Zeit der Fall war, in künstlicher Verbindung mit dem rothen Meere standen, mussten sie, ihres grossen Umfanges wegen, dem Auge wie ein Theil des Meeres erscheinen.

Vermittelst dieser Auffassung können wir begreifen, wie Heroopolis, dessen Lage unabhängig davon bestimmt worden ist, nördlich von den Bitterseen liegen konnte, wie der innerste Busen des rothen Meeres trotz dieser Lage sinus Heroopoliticus genannt werden konnte, wie Arsinoë, das am heutigen Suez lag, von Claud. Ptolemäus 30′ südlicher als das Nordende des heroopolitischen Busens und 40′ im Süden von Heroopolis gesetzt werden konnte, wie das Meerwasser in den Bitterseen bis zur Zeit des Darius so hoch stehen konnte, dass man den Canal nicht in sie hinein zu leiten wagte aus Furcht, sein Süsswasser durch das Salzwasser zu verderben, wie die Bitterseen noch zur Zeit des Ptolemäus Philadelphus bitteres, d. h. salziges Wasser haben konnten, aber doch in so geringer Menge, dass sie durch die Einleitung des Canales süsses Wasser bekamen. Ferner können wir jetzt die classischen mehr oder minder mit einander nicht-übereinstimmenden Erzählungen von dem Canale verstehen, indem sie den alten Canal, der bis zur Zeit des Darius nicht länger als in die Nähe der Bitterseen ging, mit dem Canale confundirten, der nach der Zeit des Darius durch die Bitterseen und südlicher bis zu Arsinoë, dem heutigen Suez ging.

Von dem Canale, der vor der Zeit des Darius existirte, spricht Plinius, wenn er sagt, dass der Canal nach den Bitterseen ging, ebenso Herodot, insofern er, wie ich glaube, sagt, dass der Canal bei Patumos nach dem rothen Meere kommt.

Von dem späteren Canal spricht Strabo, der erzählt, dass er durch die Bitterseen nach der Stadt Arsinoë ging, ebenso Diodor, der ihn auch nach Arsinoë gehen lässt. Eine derartige Confusion ist bei Verfassern, die hauptsächlich fremde Erzählungen wiedergeben, leicht erklärlich.[1]

Von den meisten Verfassern werden die Bitterseen, unter dem Namen „sinus Heroopoliticus", als ein Theil und zwar als der innerste Busen des rothen Meeres genannt. Dies ist ja ganz natürlich, da die Bitterseen in directer oder indirecter Verbindung mit dem Meere standen, und da ihr Wasser wenn nicht vollständig salzig, wenigstens brackig war.

Ich wage also Folgendes als Resultat meiner Untersuchung aufzustellen. Schon sehr frühzeitig und vor der Einwanderung der Israeliten nach Aegypten fand sich ein Canal, der vom Nil ostwärts nach den Bitterseen, damals einem Busen des rothen Meeres, ging. Eine schmale Landenge zwischen dem Canale und dem Meere liess man verbleiben, um das salzige Wasser nicht in den Canal hinein zu leiten. Ramses II und später Neko liessen den in der Zwischenzeit versandeten Canal vertiefen und erweitern ohne ihn doch zu verlängern. Unter den Canalstädten dieser Zeit können Ramses

---

[1] Als ein merkwürdiges Beispiel einer solchen Confusion kann die Erzählung Plinius' (VI, 33) angeführt werden, wo er durch einen unrichtigen Gebrauch des relativen Pronomens auf Ptolemäus Philadelphus überführt, was allein mit den früher genannten Sesostris und Darius passt, da es fest steht, dass Ptolemäus durch Schleusen den Canal in directe Verbindung mit dem rothen Meere brächte.

und Pithom oder Heroopolis genannt werden, welche letztere Stadt in der Nähe des heutigen Makfar nicht weit von den Bitterseen lag, und diesen den Namen „den heroopolitischen Busen" gab. Der Perser Darius liess ebenfalls den Canal vertiefen, aber eben so wenig wie seine Vorgänger führte er ihn ganz in die Bitterseen oder den heroopolitischen Busen hinein, um nicht das Canalwasser salzig zu machen. Der heroopolitische Busen stand nämlich noch in natürlicher Verbindung mit dem rothen Meere, aber wegen der Erhebung des Landes war doch das Wasser auf der Südseite der Bitterseen, zwischen diesen und der Suezbucht, so seicht geworden, dass Darius hier in den Boden graben musste um den Schiffen genug tiefes Wasser zu geben. Darius konnte somit sagen, dass er den Canal bis zu der Suezbucht gegraben hätte, und er hat wirklich längs diesem Theile des Canals noch existirende Denkmäler hinterlassen, die von dieser Arbeit zeugen. Die Erhebung des Landes setzte sich immer fort, und da der neue Canal des Darius im Süden des heroopolitischen Busens von seinen Nachfolgern vernachlässigt wurde, verminderte sich die Verbindung zwischen diesem Busen und der Suezbucht immer mehr und mehr und hörte zuletzt ganz auf. Als der heroopolitische Busen keinen Zufluss mehr bekam, sank sein Wasser allmählich und wurde salzig und bitter, weswegen er den Namen „Bitterseen" bekam. Dies Verhältniss wurde indessen von Ptolemäus Philadelphus verändert, der durch seine Canalarbeit zum ersten Mal, mittelst einer Art einfacher Schleusen, den Canal in die Bitterseen hineinleitete, deren Wasser dadurch stiegen und ihren bitteren Geschmack verloren, so dass Fische und Vögel in ihnen leben konnten. Zugleich vertiefte er den Canal sowohl im Süden[1] als im Norden der Bitterseen, eine Arbeit, die später von dem Kaiser Trajan oder vielleicht Hadrian und dem Kalifen Omar wiederholt wurde. Unter einem späteren Kalifen wurde der Canal im Jahre 767 verschüttet; durch Verdampfung verloren die isolirten Theile bald ihr Was-

---

[1] Das grosse Bassin der Bitterseen würde sich nicht allein durch das Wasser des Nilcanales haben füllen können.

ser, und das ungeheure Bassin der Bitterseen wurde trocken und verblieb trocken, bis Lesseps es wieder in unserer Zeit mit dem Wasser des Meeres füllte. Diese Auffassung der Geschichte des Canales scheint am besten mit den historischen Quellen und den Naturverhältnissen zu stimmen.

Das Obige (von S. 100 ab bis hieher) ist die wortgetreue Uebersetzung einer Abhandlung über den alten Suez-Canal, die ich vor 16 Jahren in den Abhandlungen der Gesellschaft der Wissenschaften zu Christiania[1] auf Norwegisch veröffentlichte. Seitdem hat der Genfer Aegyptolog Naville seine glücklichen Ausgrabungen in Tell el Maskhutah (dem alten Pithom-Heroopolis) gemacht und das Resultat derselben in einem höchst interessanten Werke[2] mitgetheilt. Mit Freude und nicht ohne ein gewisses Selbstgefühl ersehe ich jetzt aus diesem Buche, dass ich vor 16 Jahren theils aus denselben, theils aus anderen Gründen hauptsächlich zu denselben Resultaten gekommen bin wie Herr Naville, der doch natürlich aus den Ausgrabungen selbst den besten und kräftigsten Beweis hat nehmen können. In folgenden Punkten, die hier zugleich die Hauptsache in sich begreifen, treffe ich nämlich mit Herrn Naville zusammen:

1. Dass Pithom und Heroopolis dieselbe Stadt war.

2. Dass diese Stadt in der Nähe des Timsah-Sees und der Bitterseen lag.

3. Dass das rothe Meer in den pharaonischen Zeiten weiter gegen Norden als später und jetzt, und zwar bis in die Nähe von Heroopolis ging.

4. Dass der Exodus der Israeliten nicht über die Suezbarre, wie die meisten Gelehrten angenommen haben, und nicht längs dem Mittelmeere, wie Brugsch vermuthet hat, sondern im Norden von den Bitterseen auf der schmalen Landzunge zwischen diesen und dem Nilcanale Statt gefunden haben muss, so dass

---

[1] J. Lieblein, Om den gamle Suez-Kanal in Forhandlinger i Videnskabs-Selskabet i Christiania, Aar 1870, S. 360—379.

[2] Edouard Naville, Store-City of Pithom and the Route of the Exodus, Second Edition, London 1885.

ich dieselbe Route der Auswanderung auf meiner Karte gezeichnet habe, wie Naville auf der seinigen.[1]

Ich brauche jetzt, nachdem ich mit Herr Naville's Werk Bekanntschaft gemacht habe, nur sehr wenige Aenderungen in der obigen Darstellung zu machen. So habe ich oben gesagt, dass Pithom-Heroopolis in oder nahe bei Makfar habe liegen müssen; dies kann jetzt aber nach Naville's Ausgrabungen näher so bestimmt werden, dass diese Stadt zwei Meilen westlich von Makfar, d. h. in Tell-el-Maskhutah lag. Dieser Bestimmung zufolge muss ferner die Stadt Ramses ein Paar Meilen weiter gegen Westen verlegt werden; sie war nicht in Abu Kescheib oder Tell-el-Maskhutah, sondern eine kleine Strecke westlicher gelegen; denn nach der biblischen Exodusroute (II Mos. 12,37) lag Raemses einen Tagemarsch von Succoth entfernt, und Succoth war nach Naville (The Store-City of Pithom, S. 5) sowohl die Stadt Pithom-Heroopolis als der District um die Stadt herum.

In einigen Punkten bin ich doch nicht mit Naville einverstanden. Er führt (The Store-City of Pithom, S. 19) die in Heroopolis gefundene lateinische Inschrift an, die so lautet: „Dominis nostris victoribus, Maximiano et Severo imperatoribus, et Maximino et Constantino nobilissimis Caesaribus, ab Ero in Clusma, M. VIIII — Θ." Hier wird, wie Naville ganz richtig auffasst, der Abstand zwischen Heroopolis und Clysma auf 9 millia passuum gesetzt. Das Itinerarium Antonini führt, wie wir oben (S. 112) gesehen haben, dagegen an: von Hero nach Serapio 18 M. P. und von Serapio nach Clysma 50 M. P., also von Heroopolis nach Clysma 68 millia passuum. Diese Nichtübereinstimmung sucht Naville dadurch zu beseitigen, dass er die Angabe des Itinerarium als unrichtig verwirft. Eine derartige An-

---

[1] Dieser Punkt geht uns eigentlich hier nicht an, und ich habe ihn oben auch nicht berührt, aber ich habe seit Jahren mehrmals vom Exodus gehandelt, z. B. in der dänischen Zeitschrift For Ide og Virkelighed, Januar 1871, S. 78—94; in der schwedischen Sammlung Ur vår tids forskning, No. 19, Stockholm 1877, S. 96 ff., und in Volrath Vogt, Det hellige Land, Kristiania 1879, S. 739 ff., wo ich die jetzt auch von Naville vertheidigte Route des Exodus im Gegensatz zu den früheren Meinungen aufgestellt und zu beweisen versucht habe.

nahme ist doch wohl nicht erlaubt; denn das Itinerarium enthielt ja die officielle Angabe der Distancen zwischen den römischen Militärstationen und anderen wichtigen Localitäten, so dass ein Fehler hier nicht leicht denkbar ist. Ich glaube indessen, dass beide Angaben richtig sind, indem ich nämlich mit Mannert (Geographie der Griechen und Römer, Th. X, Abth. I, S. 8) annehme, dass zwei Städte denselben Namen Clysma hatten. Clysma ist ja eigentlich kein nomen proprium, sondern nur ein appellativum, das von κλύζω bespülen, anspülen, von anschlagenden Mereeswogen[1] herrührt, und somit nur den „Ort, wo die Wellen anspülen, Brandung, ein Ort, in welchem ausgetretenes Meer- od. Flusswasser sich sammelt, aestuarium"[2] bedeutet. Clysma konnte also sowohl das aestaurium an der Mündung des Canales in die Bitterseen, wie das aestuarium an der Mündung des Canales in die Suezbucht bezeichnen, und indem es auf den Ort, die Stadt des aestuarium übergeführt wurde, konnte Clysma der Name der beiden Städte werden, deren eine am Nordende der Bitterseen, die andere am Nordende der Suezbucht lag. Die beiden scheinbar streitenden Angaben werden dann richtig werden, indem die 9 tausend Passus der lateinischen Inschrift den Abstand zwischen Heroopolis und Clysma am innersten Busen der Bitterseen, und die 68 tausend Passus des Itinerarium den Abstand zwischen Heroopolis und Clysma an der Suezbucht angeben.

Zweitens weiche ich von der Meinung Naville's ab, wenn er sagt, dass die Stadt Arsinoë in oder bei Makfar gelegen wäre.[3] Nach Claud. Ptolemäus[4] lag nämlich Arsinoë 29° 20' nördl. B. und Heroopolis 30°; die erstere Stadt lag also 40' südlicher als Heroopolis, und kann somit unmöglich auf demselben Breitegrade gelegen haben. Doch will ich die Möglichkeit nicht absolut läugnen, dass das nördliche Clysma eine kurze Zeit den Namen Arsinoë gehabt haben kann.

---

[1] Pape, Griechisch-Deutsches Handwörterbuch.
[2] Pape, l. l. I, 1340.
[3] Naville, Store-City of Pithom, S. 32, wo Naville sagt: I should place Arsinoë at the village of Magfar.
[4] Geogr. liber 4.

Endlich kann ich gar nicht mit Naville darin übereinstimmen, dass das rothe Meer in den pharaonischen Zeiten bis zum Timsah-See reichte. In einer vorhistorischen Periode ging es wohl so weit gegen Norden, aber sicherlich nicht in den Zeiten. mit denen wir hier zu thun haben. Der Name selbst scheint dagegen zu sprechen; denn „Timsah" steht wahrscheinlich mit dem hieroglyphischen Worte ⟨hieroglyph⟩ msah, Krokodil, in Verbindung und bedeutet somit den „See, wo die Krokodille leben", und da die Krokodille nur in süssem Wasser leben können, so war der Timsah-See in den pharaonischen Zeiten ein Süsswassersee, der nicht mit dem Meere in Verbindung stehen konnte.

Wir kehren aber zur Sache zurück. Da wir jetzt Bekanntschaft mit dem alten Canale der Pharaonen gemacht haben, wird es begreiflich werden, wie die Pun-Phöniker, indem sie über das rothe Meer segelten und nach dem innersten Busen desselben, dem heroopolitischen kamen, ihren Weg weiter gegen Norden durch den Canal nehmen konnten. Ueber die kleine Landenge, die den Canal von dem heroopolitischen Busen trennte, haben sie die damaligen leichten Schiffe ohne grosse Schwierigkeit ziehen können, und später, als Schleusen angelegt worden waren, konnten sie direct in den Canal hinein schiffen. Wie diese Route -mit der natürlichen Lage und den Verhältnissen überhaupt stimmt, so wird sie auch durch die Nachrichten der Ptolemäer Zeiten bezeugt. Dies geht aus einer Inschrift des Ptolemäus Philadelphus hervor, die aus Pithom-Heroopolis stammt, und von Naville in dem oft genannten Werke publicirt worden ist. Der gelehrte Schweizer Aegyptolog spricht sich hierüber so aus:[1] „We learn from the great tablet of Philadelphos, that Pithom and the neighbouring city of Arsinoë, which the king founded in honour of his sister, were the starting points of commercial expeditions of the Red Sea; and that from thence one of Ptolemy's generals went to the land of the Troglodytes and founded the city of Ptolemäis Θηρῶν, for the special purpose

---

[1] Naville, The Store-City of Pithom, S. 13.

of facilitating the chase of elephants. And it was to Heroöpolis that the ships brought those animals, which played such an important part in the warfare of the successors of Alexander."

Zwar ist die Inschrift lückenhaft und schwer verständlich, und die geographischen Namen machen besonders Schwierigkeiten, aber es kann doch wohl kein Zweifel sein, dass Naville den Sinn derselben in der Hauptsache richtig getroffen hat. Wenigstens ist folgende in dieser Beziehung besonders interessante und zutreffende Stelle klar und unzweifelhaft. Von dem Chef der Expedition wird erzählt: „Er führte alles mit, was dem König und seiner geliebten Schwester und Königin lieb war; er baute dort für den König eine grosse Stadt in dem grossen Namen des Königs, des Herrn Aegyptens, Ptolemäus. Er besetzte sie mit den Soldaten seiner Majestät und allerlei Arbeitern Aegyptens. Die (umwohnenden) Völker unterwarfen sich.[1] Er pflügte ihre Aecker mit Pflügen und Ochsen; nicht ist ähnliches dort geschehen seit der Zeit der Götter. Er nahm dort für den König viele Elephanten gefangen, und er führte sie dem König zu in Schiffen über das rothe Meer; er führte sie ebenfalls auf dem Canale des Ostens.[2] Nicht ist so angenehmes für einen König auf der ganzen Erde[3] gethan worden." Wenn wir bedenken, dass die Inschrift aus Pithom-Heroopolis stammt, und übrigens den ganzen Inhalt derselben in Betracht nehmen, so werden wir die Ueberzeugung bekommen, dass „der Canal des Ostens" nichts anderes sein kann als unser Canal, der vom Nil

---

[1] 〈hieroglyphs〉, die Völker verneigten sich, unterwarfen sich.

[2] 〈hieroglyphs〉 temā abt, „der Canal des Ostens"; temā, Canal, verhält sich hier zu 〈hieroglyphs〉 tem, schneiden, wie 〈hieroglyphs〉 tenā, Canal, zu 〈hieroglyphs〉 ten, schneiden. Cf. übrigens Brugsch, Dictionnaire géographique, S. 945, u. S. 947, wo temi, „nom du Canal du 19e nome de la Haute-Égypte", genannt ist.

[3] 〈hieroglyphs〉 to t'er-f steht hier ohne Zweifel anstatt 〈hieroglyphs〉 to t'er.f, „die ganze Erde".

an der Stadt Pithom-Heroopolis vorüber nach den Bitterseen ging.[1]

Der Canal wurde natürlich auch als Durchgangsroute für Schiffe gebraucht, die von dem rothen Meere nach dem Mittelmeere oder umgekehrt segeln wollten. Dies wird wenigstens, falls man sich darauf verlassen kann, durch die Mittheilung Quatremère's[2] bestätigt, dass man gefunden hat „dans la mer Rouge une proue de vaisseau qui fut reconnue pour avoir appartenu à un bâtiment de Gadès. C'est ainsi que, suivant le témoignage d'un savant historien arabe, on rencontra sur la Méditerranée, aux environs de l'île de Crète, les débris d'un vaisseau de la mer Rouge."[3]

Ebenso wurde der Canal unter dem Kalifen Omar wieder gegraben, d. h. vertieft und erweitert um die Ausfuhr von Korn

---

[1] Die in dieser hieroglyphischen Inschrift erzählte Begebenheit ist auch von Strabo (p. 770) erwähnt worden, wo wir ausserdem den Namen des Führers der Expedition kennen lernen. Nachdem er in seiner geographischen Beschreibung der Westküste des rothen Meeres, von Norden nach Süden gehend, den 19° nördl. B. überschritten und einen von Sesostris erbauten Tempel erwähnt hat, fährt er so fort: „Dann folgt ein ganz mit Oelbäumen bewachsenes Eiland, neben welchem die neben der Elephantenjagd von Eumedes erbaute Stadt Ptolemaïs liegt, der, da er von Ptolemäus Philadelphus auf der Elephantenjagd ausgeschickt ward, heimlich ein Halbeiland mit Mauern und Graben umgab, und sich von da aus durch Gefälligkeit und Dienstleistungen die Freundschaft derer erwarb, die ihn vorher nicht hatten aufnehmen wollen." Eine ähnliche Expedition wird von Strabo (p. 769) erwähnt, wo es heisst: „Schifft man von der Stadt Heroopolis, längs der Küste der Troglodyten hin, so findet man die von der Schwester des Ptolemäus Philadelphus benannte Stadt Philotera, die Satyrus, als er nach der Elephantenjagd und um die Küste der Troglodyten zu recognosciren ausgeschickt ward, erbaute." Hieraus erhalten wir überdies die werthvolle Nachricht, dass dergleichen Expeditionen von Heroopolis ausgingen.

[2] Quatremère, Mémoire sur le pays d'Ophir in Mémoires de l'Institut de France, Académie des inscriptions et belles-lettres, T. XV, 2, Paris 1845, S. 388 fl.

[3] Die bezügliche Stelle findet sich Maçoudi, Les Prairies d'Or, par Barbier de Meynard et Pavet de Courteille, Tome I, chap. XVI und lautet: „On a déjà trouvé dans la Méditerranée, du côté de l'île de Crète, des planches de bois de tek, percées de trous et reliées ensemble par des attaches faites de filaments de cocotier; elles provenaient de vaisseaux naufragés qui avaient été le jouet des vagues. Or ce genre de structure n'est en usage que sur les côtes de la mer d'Abyssinie."

und anderen Lebensmitteln aus Aegypten nach Medina und Hedschas zu erleichtern.

Indem wir somit sehen, dass eine der Schiffahrtsrouten des rothen Meeres durch den Canal ging, haben wir guten Grund zu vermuthen, dass auch die Pun-Phöniker auf diesem Wege nach Norden vordrangen, und indem sie sich durch den Canal über das Nildelta verbreiteten, stiessen sie mit dem andern Wanderungsstrom zusammen, der, wie wir gesehen haben, über Koptos nach dem Nilthale und weiter den Nil herunter nach dem Delta gekommen war. Noch andere werden wohl die Schiffe am nördlichen Ende der Bitterseen mit ihren Waaren verlassen haben, um zu Lande in eine nördlichere Richtung nach dem Mittelmeere und weiter längs der Mittelmeerküste nach Syrien vorzudringen.

Auf verschiedenen Wegen trafen also die Pun-Phöniker im Deltalande und dem nordöstlichen Aegypten zusammen, aber sie werden natürlich nicht nur das Land durchreist, sondern sich auch an verschiedenen Stellen niedergelassen haben um für ihren Handel gelegene Stationen und nützliche Festen zu haben. Von Memphis ab, wo sie eine uralte Colonie hatten, bis zu der östlichen Grenze Aegyptens sassen sie hie und da mehr oder minder dicht zusammen, in denselben Gegenden also, wo von alters her die Semiten[1] und nachher die Hyksos hausten. Von hier aus zogen sie weiter nach Phönikien theils zu Lande längs der Mittelmeerküste theils über das Meer, indem sie durch die Meeresströmung von den Nilmündingen nach Phönikien geführt zuerst Byblos[2] und den nördlichen Theil Phönikiens besetzten.

Auf diese Weise treffe ich in der Hauptsache mit Ebers zusammen, der in seinem geistreichen Werke „Aegypten und die Bücher Mose's" ausführlich zu beweisen versucht hat, dass die Phöniker auf der nordöstlichen Küste Aegyptens in alter

---

[1] Siehe Lieblein. Gammelægyptisk Religion, I, 72 ff.
[2] Ich erinnere an die Mythen, denen zufolge die Osirisleiche (Plutarch, De Iside et Osiride, cap. 15) und alljährlich ein Kopf (Lucian, De Syria dea, cap. 7) von Aegypten nach Byblos geschwommen kamen. Ein Meeresstrom geht, wie bekannt, von der ägyptischen nach der phönikischen Küste.

Zeit gewohnt haben. Zwar sehe ich die Sache etwas anders an als er, namentlich glaube ich nicht, dass wir hier eine Colonie von Phönikien aus, sondern eine Station der Pun-Phöniker während ihrer Wanderung gegen Norden haben; zwar kann ich ihm in verschiedenen Einzelheiten seiner Beweisführung nicht beistimmen, besonders hege ich Bedenklichkeiten in Bezug auf die Frage, was auf die Rechnung der uralten semitischen Deltabevölkerung, was auf die der dortigen pun-phönikischen Colonie und endlich was auf die der semitischen Hyksos kommt; aber für das, was uns hier die Hauptsache ist, d. h. für den uralten Zusammenhang der ägyptischen und der syrischen Phöniker hat er, wie ich glaube, unwiderlegliche Gründe angeführt. Es ist hier nicht der Ort auf diese Sache ausführlich einzugehen, und ich muss mich darauf beschränken nur kurz einige Thatsachen anzuführen, die im besten Einklang mit unserer Ansicht stehen, dass die Pun-Phöniker theilweise über Aegypten, besonders über Unterägypten nach Phönikien gekommen sind, indem sie gegen Norden wandernd in Aegypten Handelscolonien angelegt und sich lange da aufgehalten haben. Diese Thatsachen sind:

1. Dass die Phöniker in der biblischen Völkertafel zu den Hamiten gerechnet werden.

— 2. Dass der pun-phönikische Gott Bes, der zuletzt in das ägyptische Pantheon aufgenommen wurde, identisch mit dem phönikischen Schiffahrtsgott Usoos. war.

3. Dass den Mythen nach in der Urzeit die Osiris-Leiche so wie noch in den späteren Zeiten alljährlich ein Kopf, ja sogar ein Brief in einem Gefäss, durch die Meereswellen von den Nilmündungen nach Byblos in Phönikien gespült wurden.[1]

4. Dass Lucian erzählt, dass die Phöniker ein ägyptisches Heiligthum hatten, das aus Heliopolis gekommen war, und dass

---

[1] Cf. Ebers, Aegypten und die Bücher Mose's, S. 239, wo der Verfasser die Bemerkung hinzugefügt hat: „Es will uns scheinen, als ginge aus diesem periodisch wiederkehrenden und wohl mit einfachen Mitteln erzielten Wunder eine innige und pietätsvoll cultivirte Verbindung der Aegypter und Phönizier auch auf religiösem Gebiete hervor." Siehe auch Movers, Die Phönizier, II, 3, 1, S. 321.

der ägyptische Osiris in dem phönikischen Byblos begraben worden war und dort mit Orgien gefeiert wurde.[1]

5. Dass die Phöniker ihr Alphabet während ihres Aufenthaltes in Aegypten aus der hieratischen Schrift der zwölften Dynastie genommen haben.

6. Dass Renan in Phönikien viele ägyptische Monumente gefunden hat, so in Oum el-Awamid, in Amrit und auf der Insel Ruad (Aradus).[2]

7. Dass Papyrus Ebers von einem Heilmittel spricht, das von einem phönikischen Arzt aus Byblos gelehrt worden war.

Wir sehen, dass eine innige Verbindung zwischen Aegypten und Phönikien Statt gefunden haben muss.[3] Besonders will ich darauf aufmerksam machen, dass die unter 1—4 angeführten Thatsachen zu bestätigen scheinen, dass die Bewegung nicht vom Norden nach Süden, sondern vom Süden nach Norden, d. h. von Aegypten nach Phönikien geschehen ist. Alles scheint demnach, glaube ich, dafür zu sprechen, dass ein Theil der Pun-Phöniker, nachdem sie Handelscolonien in Aegypten angelegt hatten, von da nach Phönikien zu Lande und über das Meer gewandert sind.

3. Die Colonie der Pun-Phöniker in Edom.

Der dritte Weg, den die Pun-Phöniker unter ihrem Handel mit den nördlichen Ländern und unter ihrer dadurch veranlassten Wanderung gegen Norden genommen haben, scheint über den

---

[1] Lucian, De Syria dea, cap. 5 und cap. 7.

[2] Renan, Mission de Phénicie, S. 702, S. 68 und 26 fl. Auf Seite 70 heisst es ausdrücklich: „La Phénicie, sous le rapport religieux, était une province de l'Égypte." Ib. S. 56: „La déesse Astarté, révérée à Aradus, était identique avec la déesse Bast du quartier de Memphis, nommé Anch-ta." Und ib. S. 545 sagt E. de Rougé: „La déesse Neith avait les plus grands rapports avec la Tanit phénicienne."

[3] Maspero, De quelques Navigations des Égyptiens, S. 32: „On sait que les Phéniciens, et par suite les Charthaginois, ont subi pendant des siècles l'influence égyptienne: ce qu'on connait de leurs temples et de leurs monuments montre qu'ils ont poussé jusqu'à l'extrême l'imitation de l'Égypte." Auch Brugsch, Geschichte Aegyptens, S. 210 spricht von der „geschichtlichen Thatsache, dass die Phönizier bereits in den ältesten Zeiten der ägyptischen Geschichte in der Ostmark des ägyptischen Reiches eine feste, angesessene Bevölkerung gebildet haben."

älanitischen Busen mit den Städten desselben Elath und Esjongeber und danach weiter zu Lande durch Edom gegangen zu sein. Indem sie vom Süden aus das rothe Meer beschifften und alle Busen und Buchten desselben besuchten, kamen sie nicht allein nach der Suezbucht, die auf der Westseite der Halbinsel Sinaï hineingeht, sondern auch nach dem auf der Ostseite derselben hineingehenden älanitischen Busen, von wo eine kurze und bequeme Strasse nach dem fruchtbaren Kanaan und der Mittelmeerküste führt. Ja, ich bin sogar geneigt anzunehmen, dass sie auch hier eine Handelscolonie angelegt haben, und dass Esau oder die mit ihm zusammengehörenden Edomiten die Träger dieser Colonie waren.

Von der Geburt Esau's heisst es Genesis 25, 25: „Der erste (der Zwillinge), der heraus kam, war röthlich, ganz rauch wie ein Fell; und sie nenneten ihn Esau." Hier ist besonders zu merken, dass Esau als „röthlich" beschrieben wird. Dillmann in seinem Commentar zu der Stelle bemerkt:[1] „Der erste Knabe wird geboren röthlich; wohl nicht von den rothen Haaren, sondern von der rothbraunen Hautfarbe." Hierzu kommt weiter, dass der Name Edom selbst röthlich von Farbe bedeutet, eine Bezeichnung, die zwar auf die rothe Farbe des Wüstenbodens, aber ebenso gut auf die rothbraune Hautfarbe des Volkes, der Edomiter gehen kann, und dies ist sogar wahrscheinlicher, da ihr Stammvater Esau a ausdrücklich als roth bezeichnet worden ist, und eben weil er roth war, den Beinamen Edom bekam, so wie es I Mos. 25, 30 heisst: „Und Esau sprach zu Jakob: Lass mich kosten das rothe Gericht; denn ich bin müde. Daher heisst er Edom."

Aber diese rothen Menschen waren gerade die Pun-Phöniker, die des Handels wegen hierher aus Pun gekommen waren. Die Bewohner Puns sind in der Regel roth, wenn die Farbe auf den ägyptischen Monumenten angegeben ist; so z. B. im Grab Rechmaras nach Hoskins Publication, wo einige Personen schwarz, andre dunkelbraun, die meisten aber roth sind, indem die wahren rothen Puner hier mit negerhaften Bestandtheilen, vielleicht afri-

---

[1] Dillmann, Die Genesis, S. 301.

kanischen Sklaven vermischt waren.¹ Auch Brugsch² sagt: „Die Bewohner von Pun habe ich auf den Denkmälern ganz wie die Aegypter aussehend, von rother Hautfarbe abgebildet gesehen." Dasselbe spricht Lepsius³ aus: „Die Puna selbst waren vorzugsweise rothe Menschen, Ἐρυθραῖοι, von denen das Erythräische Meer erst seinen Namen hatte. Roth waren sie, d. h. rothbraun von Farbe, wie die Südsonne die weissen Abkömmlige des Nordens zu färben pflegt, und wie die Aegypter auf den Monumenten abgebildet werden, im Gegensatze zu den Afrikanischen schwarzen und dunkelbraunen Negern einerseits, und zu den bleichen Nordländern andrerseits."

Die syrischen Phöniker müssen gleichfalls roth gewesen sein; wenigstens wurden sie als roth von den Griechen betrachtet, da diese aus ihrer griechischen Namensform Φοῖνιξ Wörter bildeten, deren Grundbedeutung durchgehend „rothe Farbe" ist.⁴

Da nun nicht allein die Pun-Phöniker, sondern auch die syrischen Phöniker als roth characterisirt werden, so liegt es nahe sich einen Zusammenhang zwischen diesen und den Edomitern zu denken, deren rothe Hautfarbe auf doppelte Weise, sowohl durch den Volksnamen Edom selbst als durch die Geschichte von der Geburt des Stammvaters Esau angegeben worden ist.

Diese Ansicht wird auch durch eine andere Betrachtung gestützt. Der Name Esau ist, wahrscheinlich mit Recht, identificirt worden mit dem Namen des phönikischen Gottes Οὔσωος,⁵ der die Jagd und die Bekleidung mit Thierfellen erfand und „zuerst auf einem Baumstamm aufs Meer hinausfuhr." Esau-Usoos war, wie wir sehen, auch ein Gott der Schiffahrt, was ja sehr gut für einen Gott der Phöniker passt, die eine seefahrende Nation waren. Oben haben wir Usoos mit dem pun-phönikischen Gott Bes identificirt,

---

[1] Siehe hierzu Lepsius, Einleitung zur Nubischen Grammatik, S. CI.
[2] Brugsch, Die Geographie der Nachbarländer Aegyptens, S. 15.
[3] Lepsius, Einleitung, S. C.
[4] Vergl. Lepsius, Einleitung, S. XCIX; Dillmann, Die Genesis, S. 170.
[5] Cf. Stade, Geschichte des Volkes Israel, S. 120; Dillmann, Die Genesis, S. 302.

dessen Betheiligung bei der Schiffahrt nicht ganz vergessen worden sein kann, da er nach Herodots Erzählung den phönikischen Patäken ähnlich war, „die die Phöniker am Vordertheil ihrer Dreiruder führen." Bes-Usoos-Esau war somit ein urphönikischer Gott, der in seiner dreifachen Erscheinung die drei Zweige desselben Handel und Schiffahrt treibenden Volkes repräsentirte: Bes die ägyptischen, Esau die edomitischen und Usoos die syrischen Phöniker.

Die Vermuthung, dass die Pun-Phöniker in Edom eine Handelscolonie angelegt haben, ist demnach wohl nicht ganz aus der Luft gegriffen. Eine Erinnerung daran scheint noch in späteren Zeiten lebendig gewesen zu sein. So theilt Movers[1] die Nachricht des Ammonius mit, „welcher Phöniker und Syrer als älteste Bewohner Edoms nennt."[2] Jeremia spricht wahrscheinlich eigentlich dasselbe aus, in welchem Falle wir zugleich den Schluss ziehen können, dass die Phöniker des Ammonius nicht vom Norden, sondern vom Süden gekommen sind, folglich Pun-Phöniker waren. Denn in Jeremia 49,8 heisst es wider Edom: „Fliehet, wendet euch, und verkriechet euch tief, ihr Bürger zu Dedan; denn ich lasse einen Unfall über Esau kommen, die Zeit seiner Heimsuchung." Diese Bürger zu Dedan waren also Fremde, Colonisten in Edom. Ihren Hauptsitz, ihr ursprüngliches Vaterland hatten die Kinder Dedans im südlichen Arabien. Das geht aus der Völkertafel (Genesis 10,7) hervor, wo Saba und Dedan als Brüder zusammen genannt werden. Ebenso wird es von Hesekiel 27,15 bezeugt: „Die von Dedan sind deine Kaufleute gewesen, und hast allenthalben in den Inseln gehandelt; die haben dir Elfenbein und Ebenholz verkauft." Die Kinder Dedans nehmen hier wie die Pun-Phöniker Theil an dem Handel der Bab-el-Mandeb-Strasse. Die Saba und Dedan waren also ohne Zweifel pun-phönikische Stämme in Südarabien. Ein Theil der Kinder Dedans hatte nach Jeremia 49,8, wie ich vermuthe, die Wohnung in Edom, als der dortigen pun-phönikischen Handels-

---

[1] Movers, Die Phönizier, II, 3, 1, S. 289.
[2] Ἰδουμαῖοι τὸ μὲν ἀρχῆθεν Φοίνικες καὶ Σύροι.

colonie gehörend, aufgeschlagen. Hesekiel 25,13 kann vielleicht auch in Uebereinstimmung hiermit erklärt werden.

Hier in dem innersten Winkel des älanitischen Busens war ein sehr geeigneter Ort für die Anlage einer Handelscolonie. Dies haben die handelskundigen Pun-Phöniker recht wohl verstanden. Stade hat sich in seiner Geschichte des Volkes Israel über diese Verhältnisse so klar ausgesprochen, dass ich nur seine Worte anzuführen brauche. Er sagt:[1] „Aber wie konnte sich in diesen unwirthlichen und grösstentheils völlig unfruchtbaren Gegenden ein Königreich bilden, eine staatlich organisirte Nation sich so lange erhalten? Dieses Land scheint doch höchstens gut genug, um einzelne Horden von Jägern und Hirten und westlich von der Araba hie und da eine spärliche, Ackerbau treibende Bevölkerung zu ernähren? Dies Geheimniss erklärt sich aus der geographischen Lage jener Striche und der Geschichte der Handelswege. Die südarabischen sowie die aus Indien nach Südarabien gebrachten Waaren nahmen im Alterthume ihren Weg durch das rothe Meer nach den beiden am älanitischen Meerbusen gelegenen edomitischen Hafenstädten Elat und Esjon-Geber.

Von hier aus verführten Karawanen sie weiter nach Palästina, Syrien nnd Phönicien. Dieser Umstand bedingte die Macht Edoms, veranlasste aber auch beständige Versuche seiner mächtigeren Nachbarn, sich dieser Quelle der Reichthümer zu bemächtigen. Edom ist in der späteren Königszeit ein Zankapfel zwischen Judäern und Syrern. Und nachdem in nachexilischer Zeit die Edomiter von arabischen Stämmen, den sogenannten Nabatäern, aus diesen Gegenden vertrieben und in das schon einmal von ihnen besetzt gewesene südliche Juda, seitdem nach ihnen Idumäa geheissen, gedrängt worden sind, erblüht dort ein nabatäisch-arabischer Staat, dessen Reichthümer des Antigonos Habgier reizen und den unglücklichen Kriegszug des Athenaios veranlassen. Aber nur so lange der Handelsweg durch jene Striche lief, erhielt sich dort ein Staatswesen. Sobald der Handel seine Wege änderte, verfiel dasselbe und löste sich wieder in kleinere Nomadenstämme auf, wie sie noch jetzt diese Gegenden inne haben."

---

[1] Bernhard Stade, Geschichte des Volkes Israel, S. 122 ff.

Es sind, wie wir sehen, mehrere zusammentreffende Verhältnisse und Thatsachen, die es wahrscheinlich genug machen, dass Edom eine pun-phönikische Handelscolonie war. Die Pun-Phöker, das kühnste und weitschauendste Handelsvolk des Alterthums, fanden unter ihrem Vordringen und ihren Handelsunternehmungen gegen Norden zu hier eine der Hauptstrassen, die die Natur selbst für sie abgesteckt hatte.

Hier kommt noch ein Umstand hinzu, der auch dafür spricht. Von hier aus gingen nämlich, wie die Bibel erzählt, die Ofirfahrten aus, und hier kehrten die Knechte Hirams (d. h. phönikische Seeleute) und die Knechte Salomos mit den kostbaren Waaren Ofirs zurück. Ich führe der Vollständigkeit halber die bezüglichen Bibelstellen an:

„Auch Schiffe baute der König Salomo zu Esjon Geber, das bei Elat liegt, am Ufer des Schilfmeers im Lande Edom. Und Hiram sandte seine Knechte, die gute Schiffsleute und auf dem Meere erfahren waren, auf den Schiffen mit den Knechten Salomos. Und sie kamen gen Ofir und holeten von dannen 420 Kikkar Gold und brachten es zum Könige Salomo." (I König. 9, 26—28.)

„Und sie (die Königin von Scheba) gab dem Könige 120 Kikkar Gold und sehr viel Spezereien und Edelsteine. Es ist nicht mehr so viel Spezerei gekommen, als die Königin von Scheba dem Könige Salomo gab. Und auch die Schiffe Hirams, die Gold aus Ofir holeten, brachten aus Ofir sehr viel Sandelholz und Edelsteine." (I Kön. 10, 11.)

„Und alle Trinkgefässe des Königs Salomo waren golden und alle Gefässe im Hause des Waldes Libanon waren köstliches Gold, kein Silber, denn das ward für nichts geachtet zu den Zeiten Salomos. Denn der König hatte Tarsisschiffe auf dem Meere mit den Schiffen Hirams; in dreien Jahren einmal kamen die Tarsisschiffe und brachten Gold, Silber, Elfenbein, Affen und Pfauen." (I Kön. 10, 21. 22.)

Im II Buche der Chronik (8, 17 fl. 9, 9 fl. 20 fl.) findet sich derselbe Bericht beinahe mit denselben Worten wiederholt, eine kleine Irrung auf der letzten Stelle (II Chr. 9, 21) ausgenommen.

Meiner Meinung nach haben wir, um es kurz zu sagen, in diesen Ofirfahrten einfach die gewöhnlichen Seehandelsreisen, welche die in Elat und Esjon-Geber wohnenden Phöniker (die pun-phönikische Handelscolonie in Edom, wie ich sie oben genannt habe) über das rothe Meer nach Pun machten, nur mit dem Unterschiede, dass sie in Salomos Interesse und mit Beistand seiner Leute unternommen wurden. Edom wurde von Saul bekriegt (I Samuel, 14, 47), und von David besiegt und unterjocht (II Sam. 8, 14); bei der Thronbesteigung Salomos riss es sich los (I König. 11, 14), wurde aber, wie es scheint, bald wieder diesem Könige unterworfen. Politisch war es somit von Salomo abhängig; in Bezug auf den Handel aber stand die phönikische Colonie hier, obwohl sie ursprünglich vom Süden aus angelegt worden war, ohne Zweifel in lebhaftem Verkehr mit Tyrus, dessen König Hiram in dieser Zeit wahrscheinlich der mächtigste aller phönikischen Könige im Süden wie im Norden war; ja es ist sogar möglich, dass ihr damaliger Handel auf dem rothen Meere von Tyrus aus regulirt wurde.[1] Wenn es (I Kön. 9, 27) heisst, dass Hiram seine Knechte sandte, die gute Schiffsleute und auf dem Meere (hier wohl dem rothen) erfahren waren, so verstehe ich damit die Seeleute der pun-phönikischen Colonie in Edom, die in Handelsverhältnissen von Hiram, in politischen aber von Salomo abhängig war. Und wenn es heisst, dass Salomo nur seine Knechte mitschickt, natürlich um die Unternehmung zu erleichtern, sonst aber kein Geld, keine Austauschwaaren, überhaupt keine Vergeltung für die Waaren giebt, die er bei der Rückkehr der Expedition empfängt, so verstehe ich dies so, dass die Handelscolonie in Edom ihrem politischen Herrn, dem Salomo, einen Theil der kostbarsten Waaren ihres Handels als Tribut darbringt. Ich habe soeben gesagt, dass die Ofirfahrten nichts anders als die gewöhnlichen Handelsreisen waren, welche die edomitische

---

[1] Aus Amos 1, 9 sehen wir, dass die Tyrier den Edomitern israelitische Gefangene verkauften (B. Stade, Geschichte des Volkes Israel, 523). Nach Amos I, 6 thaten die Leute Gazas dasselbe, wahrscheinlich weil Edom ein Handelscentrum war, von wo Sklaven z. B. nach Aegypten verkauft werden konnten.

Colonie auf Pun unternahm. Dies geht unter andern auch aus den Waaren hervor, die von Ofir gebracht wurden. Es waren Gold, Silber, Edelsteine, Elfenbein, Affen, Pfauen und Sandelholz, welche alle, ausser den beiden letztgenannten, ebenfalls in dem Handel mit Pun vorkommen; diese aber, Pfauen und Sandelholz, waren indessen indische Producte, die ja sehr leicht auf den Weltmarkt an der Bab-el-Mandeb-Strasse geführt werden konnten, so dass es nicht mehr nöthig war sie direct aus Indien zu holen als die übrigen indischen Waaren, die in dem Handel des rothen Meeres genannt werden.

Obwohl ich aber die Ofirfahrten mit den Handelsreisen nach Pun identificire, so ist damit noch nicht die genaue Lage Ofirs bestimmt, da Pun, wie wir oben gesehen haben, eine grössere Landstrecke auf beiden Seiten der Bab-el-Mandeb-Strasse umfasste. Insofern diese Identification richtig ist, so haben wir doch so viel gewonnen, dass Ofir innerhalb der Grenzen Puns gelegen haben muss. Wie bekannt, gehen die Meinungen über die Lage Ofirs sehr weit von einander aus. Nach Chr. Lassen (Indische Alterthumskunde, I, 539) soll Ofir an den Mündungen des Indus zu suchen sein, da wo das Volk der Abhira wohnte. Der Naturforscher K. E. von Baer suchte Ofir in Malacca. Andere haben es nach der Sofala-Küste versetzt, wo der Reisende Karl Mauch sogar die Ruinen von den Gebäuden der Ofirfahrer gefunden zu haben glaubt (Ergänzungsheft No. 37 zu Petermanns Mittheilungen, April 1874). Der deutsche Gelehrte Ad. Soetbeer hat in einer besonderen Abhandlung (Das Goldland Ofir, Berlin 1880) zu beweisen versucht, dass Ofir auf der östlichen Küste des arabischen Meerbusens in der jetzigen Landschaft Asyr lag, eine Bestimmung, die nicht sehr von der unsrigen abweicht, aber doch dies gegen sich hat, dass sie nicht zu erklären vermag, wie die Ofirschiffe dort auf der unwirthlichen Küste die von der Bibel genannten Waaren bekommen konnten. Zuletzt werde ich nur der abentheuerlichen Meinungen Erwähnung thun, nach welchen Ofir in Hispaniola, in Peru, in Armenien oder Phrygien zu suchen sei.

Sollte ich die Lage Ofirs innerhalb der Grenzen des alten

Puns näher zu bestimmen versuchen, so möchte ich mich lieber an die afrikanische als die arabische Seite wenden, indem es dadurch leichter erklärlich wird, wie die Ofirfahrer ihre Waaren bekommen konnten. Einige von diesen, z. B. Gold und Elfenbein, haben sie sich ohne Zweifel durch directe Ausbeutung, d. h. durch Expeditionen im Inneren Afrikas verschaffen müssen, während sie die übrigen Waaren, wie die Affen und die indischen Producte, Sandelholz und Pfauen, im Wege des Tauschverkehrs oder des Handels in den Emporien der Bab-el-Mandel-Strasse auf der Rückreise im Vorbeifahren erhielten. Wie die Ptolemäer von Ptolemais aus, einer Stadt an der afrikanischen Küste am rothen Meere unter 18° 40′ N. B. gelegen, in das innere Afrika Expeditionen sandten um Elephanten zu jagen;[1] wie ferner die Chartumer Kaufleute bewaffnete Expeditionen nach dem Innern Afrikas machen, und wie sie dort in verschiedenen Gegenden mit Besatzungen versehene Stationen (Seriben) haben um Elfenbein von den Einwohnern selbst aufzukaufen,[2] so haben wahrscheinlich die punischen Phöniker vom rothen Meere aus Expeditionen in das innere Afrika gemacht um entweder selbst Gold und Elfenbein auszubeuten oder direct von den Einwohnern wohlfeil aufzukaufen. Um solche Expeditionen zu machen waren aber bewaffnete Leute und Zeit vonnöthen; das ist noch heut zu Tage der Fall, wie uns die Schilderungen in Schweinfurths Werk „Im Herzen von Afrika" belehren, und in den früheren Zeiten vermuthlich nicht minder. Daher erklärt es sich leicht, dass Salomo „seine Knechte" zur Hülfe und zum Schutz mitschicken musste, und dass die Ofirfahrten drei Jahre dauerten. Wir wissen, dass das Elfenbein in alten Zeiten einer der wichtigsten Ausfuhrartikel von diesen Gegenden nach Aegypten war und in unseren Zeiten noch ist, ja es ist wahrscheinlich, dass dieses immer sehr hoch geschätzte Product früher, ja zu allen Zeiten in grösseren Mengen aus Afrika als aus Indien in den Handel kam.

---

[1] Anonymi Periplus Maris Erythræi § 3: „Ptolemais das der Jagden genannt, von wo unter den Ptolemäern die Jäger der Könige nach dem Innern vordrangen; cf. Agatharchides § 1 u. § 56; Diodor III, cap. 18. Auch oben S. 125 ff.
[2] Schweinfurth, Im Herzen von Afrika, I, 51.

Aehnliches war mit dem Gold der Fall. Die ägyptischen Inschriften zeigen, wie wir oben gesehen haben, dass Gold sowohl von Pun als besonders von den Negerländern Afrikas häufig und in grossen Quantitäten in Aegypten eingeführt wurde. Es wurde „in Ringen und Beuteln, auch in Ziegel- oder Stangenform, dann aber auch in Vasen und besonders kunstreichen Arbeiten, theils als Kriegsbeute theils als Tribut nach Aegypten gebracht."[1] Der Goldreichthum Afrikas ist auch sonst vielfach bezeugt. Herodot erzählt von den langlebenden Aethiopiern, dass dort „die Ketten eines jeden Gefangenen von Gold waren."[2] Und Kosmas Indikopleustes sagt, indem er von Aethiopien und dem benachbarten Lande Sasu spricht, Folgendes:

„Dies Land Sasu ist sehr reich an Goldgruben. Ein Jahr ums andere aber schickt der König von Axum eigene Leute dahin des Goldhandels wegen. Mit ihnen vereinigen sich noch viele andere Kaufleute, so dass sie eine Karawane von 500 Mann und darüber bilden. Sie bringen dahin Ochsen und Salz und Eisen. Wenn sie nun an der Grenze des Landes angekommen sind, so nehmen sie da ihr Standlager und machen eine grosse Verschanzung von Dornen. Innerhalb derselben schlachten sie die Ochsen, zerlegen sie und legen sowohl diese Stücke als auch das Eisen und das Salz auf die Dornen. Dann kommen die Einwohner und legen ein oder mehrere Stückchen Gold auf die Waaren und warten ausserhalb der Befriedigung. Die Eigenthümer des Fleisches oder der anderen Waaren sehen alsdann zu, ob ihnen der Preis gefällt oder nicht. In dem ersten Falle nehmen sie das Gold, und jene die Waaren; wo nicht, legt der andere noch mehr Gold hinzu oder nimmt es auch zurück.[3] So ist der Handel dort, weil sie verschiedene Sprachen und keine Dolmetscher haben; es dauert aber ungefähr fünf Tage lang, bis die mitgebrachten Waaren verkauft sind." Er fügt noch hinzu,

---

[1] Lepsius, Die Metalle in den ägyptischen Inschriften, S. 39.
[2] Herodot III, 23.
[3] Denselben Hergang schildert auch Herodot (IV, 196) bei dem Handel der Karthager mit den Afrikanern ausserhalb der Säulen des Hercules.

dass die Quellen (κορυφή) des Nils sich da finden, und dass die ganze Expedition sechs Monate dauerte.¹

Plinius spricht von den goldreichen Gegenden Aethiopiens, welche wahrscheinlich dieselben sind, die von Abulfeda die Goldminen von Ollaqi benannt sind.² Mehrere christliche und arabische Verfasser erzählen von dem grossen Goldreichthume Afrikas, nicht nur in Sofala, wo „eine Goldmine sich findet, die unzählige Schätze hervorbringt," wo „Gold- und Silberminen, die reichsten von allen bekannten, sich in dem Berge Afura finden," sondern besonders in Sudan, wo das „Goldland" liegt, in welchem „das Gold aus dem Sande hervorsprosst, wie die Wurzeln bei uns."³ Endlich weiss der deutsche Reisende Barth von Gold in Afrika zu erzählen. „Kukia, die Hauptstadt von Sonrhay, bildete," sagt er, „den grössten Markt für Gold im ganzen Negerlande."⁴ „In dem gesammten Handel Timbuktus," heisst es an einer anderen Stelle, „bildet Gold den Hauptartikel."⁵ Und zwei Mal spricht er von Gold führenden Flüssen.⁶

Die Ofirfahrer konnten also auf der Ostküste Afrikas Gold und Elfenbein leicht und wohlfeil bekommen, besonders wenn sie Expeditionen in das Innere machten, so dass sie die genannten Gegenstände von den Einwohnern selbst und aus erster Hand erhielten. Aber wo landeten sie, an welchem bestimmten Punkte? Man hat vermuthet, dass dieser Punkt auf der Sofala-Küste zu suchen sei, besonders in der letzten Zeit, nachdem K. Mauch seine Aufsehen erregenden Entdeckungen dort in 20° 14′ S. B. und 31° 48′ Oe. L. Greenw. gemacht hat, da wo der angebliche Goldberg Fura oder Afura sich findet, ein Name, der an Ofir erinnert. Indem ich mich theilweise an die Einwendungen Hart-

---

[1] Collectio nova Patrum et Scriptorum Graecorum von Montfaucon, T. II, 139 fl. Ich habe die deutsche Uebersetzung bei Heeren, Ideen über die Politik etc. II, 1, 351 fl. benutzt.
[2] Lepsius, Die Metalle, 35.
[3] L. Marcel Devic, Le Pays des Zendjs, 174 ff.
[4] Barth, Reisen und Entdeckungen in Nord- und Central-Afrika, IV, 607.
[5] Barth, Ibid. V, 21.
[6] Barth, l. l. IV, 575 u. 576.

manns[1] und Soetbeers[2] gegen die Verlegung Ofirs nach der Sofala-Küste schliesse, hebe ich noch die Unwahrscheinlichkeit hervor, dass die Ofirfahrer so weit gegen Süden reisen wollten, wenn sie Gold und Elfenbein viel näher, nämlich in Sudan, finden konnten. Es kommt hier nicht nur auf das Gold, sondern auch auf das Elfenbein an. Und das Hauptterrain für den Gewinn des besten Elfenbeins war und ist das heutige Abyssinien mit dem nachbarlichen Sudan, überhaupt die Aequatorialgegenden. Da findet sich das beste Elfenbein; da wohnten nach Strabo (p. 772) die Elephantenfresser, die von Elephantenjagd lebten; dahin schickten die Ptolemäer ihre Jäger um Elefantenjagd zu treiben; von da wurde nach dem Periplus maris Erythræi Elfenbein nach der Küste in den Handel gebracht, und von da holen heute noch die Chartumer Kaufleute ihr Elfenbein. Auch von Sansibar wird, wenigstens in unseren Tagen, viel Elfenbein und zwar der grösste Theil der nach Europa exportirten Waaren ausgeführt.

Wir können also wohl die Strecke von Sansibar in 6^0 S. B. oder, wenn wir etwas südlicher gehen, von etwa dem zehnten Grade S. B. im Süden bis zum alten Ptolemais oder bis zum achtzehnten Grade N. B. im Norden als die eigentliche Elfenbeinküste der Ostseite Afrikas betrachten; dies ist auch die Küste der Aequatorialgegenden Africas, wo, wie bekannt, das beste Elfenbein sich findet. Dass nun die alten Ofirfahrer diese ganze Küste entlang vorbeischiffen und bis nach Sofala in 20^0 14' S. B., also nicht allzu weit von der natürlichen Südgrenze des afrikanischen Elephanten, segeln sollten, ist äusserst unwahrscheinlich. Ich nehme daher an, dass wir Ofir innerhalb 18^0 N. B. und 10^0 S. B. suchen müssen. Da war Elfenbein, da war Gold im Ueberfluss vorhanden, da konnten die Ofirfahrer beides auf ein Mal wohlfeil bekommen, wenn sie, was ja unter allen Umständen vorausgesetzt werden muss, ins Innere Expeditionen machten um sich die Waaren von erster Hand zu verschaffen.

Können wir die Grenzen für die Lage Ofirs noch enger zu-

---

[1] R. Hartmann, Die Nigritier, 38.
[2] A. Soetbeer, Das Goldland Ofir, 23.

sammenziehen? Vielleicht. Ich habe eine Vermuthung und wage sie mitzutheilen, indem ich sie doch nur gebe für das, was sie ist, nämlich eine Vermuthung. Auf der abyssinischen Küste am rothen Meer etwa vom alten Adulis bis nach der Bab-el-Mandeb-Strasse wohnt ein Volk, das von den Arabern Danakil genannt wird, aber sich selbst so wie ihre Sprache „Afer" nennt. Nun ist die Frage: ist es erlaubt in diesem „Afer" den alten Ofir zu sehen? Ich muss gestehen, dass diese Zusammenstellung sehr verlockend ist.[1] Beide sind Volksnamen und ihre Lautähnlichkeit ist beinahe vollständig. Die Afer sprechen eine kuschitische Sprache; sie sind somit von Asien und zwar zuletzt von Arabien her nach Afrika eingewandert,[2] und können also recht wohl identisch mit dem Volke Ofir sein, das die Völkertafel der Genesis[3] als in Arabien wohnend anführt; denn von dem Beispiel der Phöniker wissen wir ja, dass sie Rücksicht auf die früheren Wohnsitze der Völker nahm. Mit diesen Afer-Ofir möchte ich auch die in den ägyptischen Inschriften mehrmals genannten ⸻ āpuriu, auch ⸻ āpru[4] und ⸻ āper,[5] ja wahrscheinlich sogar ⸻ āper[6] geschrieben, vergleichen. Chabas hat in diesen Aper die Hebräer gesehen;[7] Brugsch nennt sie Erythräer, Rothhäute und bestimmt sie als „Bewohner fremden Ursprungs der Landschaft 'Ani oder 'Aini, an den Westrändern des rothen Meeres, in der Nähe des heutigen Suez."[8] Nach den von Brugsch

---

[1] Ich sehe jetzt, dass auch andere Forscher denselben Gedanken gehabt haben. In Krapf, Travels, researches etc. in Eastern Africa, London 1860, S. 21 heisst es: „The Adal call themselves in their own language „Afer" reminding us of the Hebrew Ophir. Adal is the Abessinian name, and Danakil, the Arabic designation for the Afer nation." Cf. Rob. N. Cust, A Sketch of the modern languages of Africa, London 1883. Vol. 1, S. 127.

[2] Lepsius, Einleitung zur Nubischen Grammatik, S. CXI.

[3] I Mos. X, 29.

[4] Ohne den Pfahl geschrieben, Papyrus de Leide, 349 (b) 7.

[5] Lepsius, Denkmäler, III, 219, e, 17.

[6] Mariette, Deir-el-Bahari, Pl. 11 u. 12.

[7] Chabas, Mélanges égyptologiques, I, 47 ff.

[8] Brugsch, Geschichte Aegyptens, 583.

Die Colonien der Pun-Phöniker.

in der eben angeführten Stelle[1] gemachten Einwendungen, denen ich mich anschliesse, kann die Behauptung Chabas' schwerlich länger festgehalten werden. Aber die Meinung Brugsch's, dass die Aper in der Nähe des heutigen Suez gewohnt haben, ist auch nicht ganz unzweifelhaft. In Lepsius' Denkmäler III, 219, e, 17 werden sie genannt [hieroglyphs] die Aper der Fremdvölker Anti oder Anit. Es ist hier die Frage, was die Anti bedeuten. Anti ist ein Volksname, steht hier im Pluralis und bedeutet also der Form nach das Volk der Anti. Aber wo wohnte dies Volk? Man könnte versucht sein anzunehmen, dass [hieroglyphs] ānti identisch mit [hieroglyphs] anti sei, nur in einer variirenden Schreibweise oder vielmehr in einer dialectisch verschiedenen Form, da der Anlaut des Zeichens [hieroglyph] gewöhnlich dem [hieroglyph] á, nicht [hieroglyph] ä entspricht.[2] Ist diese Identification richtig, was ich doch nicht mit Bestimmtheit zu behaupten wage, so haben „die Aper der Fremdvölker Anti" gerade die Gegenden bewohnt, wo die heutigen Afer-Dankali wohnen, da die [hieroglyphs] nach Brugsch's Untersuchungen längs der westlichen Küste des rothen Meeres bis nach Pun ihre Sitze hatten.[3] Wie dem auch sei, das steht doch wohl fest, dass die Aper zwischen dem rothen Meere und dem Nil wohnten. Dann aber müssen sie sich über weite Strecken verbreitet haben; denn obgleich das Land dort eine Wüste ist, wo nur eine sehr dünne Bevölkerung leben kann, treten sie doch auf den Monumenten als ein ziemlich zahlreiches Volk auf. In einer Urkunde lesen wir nämlich: „Ritter, Söhne von Königin und edle Herren von den Aper (in einer Anzahl von) 2083 Individuen";[4] und in einer anderen Urkunde sind deren 800 Individuen genannt.[5] Auch

---

[1] Siehe auch Brugsch, Dictionnaire géographique, S. 113 fl.
[2] So wurden sowohl [hieroglyph] wie [hieroglyph] bald [hieroglyph] ān bald [hieroglyph] ān ausgesprochen.
[3] Brugsch, Die altägyptische Völkertafel, S. 55 fl.
[4] Papyrus Harris No. I, Pl. 31, 8.
[5] Lepsius, Denkmäler, III, 219, e, 17.

treten sie in verschiedenen Functionen auf: als „Reiter, welche auf des Königs Befehl ihre Rosse besteigen",[1] und als Marinesoldaten, wenn ich die bewaffneten Soldaten [hieroglyphs][2] richtig als „die Aper der königlichen Schiffe" auffasse. Endlich muss ich noch bemerken, dass der oben angeführte Name, „die Aper der Fremdvölker Anti", auch andere Aper vorauszusetzen scheint.

Ich glaube also einige Gründe für die Meinung zu haben, dass die Aper der ägyptischen Denkmäler ein ziemlich grosses Volk waren, das sich über die westliche Küste des rothen Meeres weit verbreitet hatte, und es ist somit nicht ganz unwahrscheinlich, dass sie wirklich identisch mit den oben genannten Afer-Ofir waren.

Wir können aber noch einen Schritt weiter gehen. Waren nicht die von Livius, Cicero und anderen römischen Verfassern genannten, ja schon von Ennius und Cato her bekannten Afer, Afri in der Bedeutung Karthager, Afrikaner mit jenen Afer-Ofir-Aper identisch? Hierfür spricht nicht nur die vollständige Lautähnlichkeit, die ja übrigens zufällig sein konnte, sondern auch andere Betrachtungen, die bestätigend hinzutreten. Afer bedeutete zunächst Karthager, wie der davon gebildete Name Afrika zuerst nur Karthago als römische Provinz bezeichnete.[3] Wie die Nasamonen nach der Erzählung Herodots (II, 32) von Nord-Afrika nach Sudan und den Pygmäen durch die Wüste vordrangen, so haben die Karthager als ein tüchtiges Handelsvolk, das Handelsverbindungen in alle Richtungen zu knüpfen wusste, ohne Zweifel durch den Karawanenhandel in lebhaftem Verkehr mit Inner-Afrika, mit Dar-Fur, Sudan u. s. w, gestanden.

---

[1] Brugsch, Geschichte Aegyptens, 582.
[2] Mariette, Deir-el-Bahari, Pl. 12.
[3] Man hat den Namen Afrika theils von dem Volksnamen Afarikas (Auraghen), theils von dem arabischen Ifrikis oder von Ifurac, Ifuraces (Movers, Die Phönizier, II, 2, 402) abgeleitet, aber mit Unrecht; denn Afrika ist nur eine lateinische Adjectivbildung auf ica von einem Stamm Afer, Afri. (Cf. Meltzer, Geschichte der Karthager, S. 433.)

Sie hatten in ihren Heeren zahme afrikanische Elephanten, was ja Verbindungen mit Inner-Afrika voraussetzt. Ebenso hatten sie eine ausserordentlich grosse Menge Sklaven; „wir finden," sagt Mommsen (Römische Geschichte, I, 463), „dass einzelne Bürger deren bis zwanzigtausend besassen." Ein so grosser Sklavenbestand war wohl nur durch einen immerwährenden Zufluss von Inner-Afrika möglich.[1] Herodot wusste in der so eben angeführten Stelle von den schwarzen Pygmäen zu erzählen; auch Aristoteles (Historia animalium, I, 8, 2) berichtet: „Die Kraniche ziehen bis an die Seen oberhalb Aegyptens, woselbst der Nil entspringt; dort herum wohnen die Pygmäen, und zwar ist dies keine Fabel, sondern die reine Wahrheit; Menschen und Pferde sind, wie die Erzählung lautet, von kleiner Art und wohnen in Höhlen." Dass dies keine Fabel war, ist von Schweinfurth bezeugt, der selbst sie gesehen hat und sie nach ihrer eigenen Aussage Akka nennt; sie wohnen zwischen dem 1 und 2 Grad N. B. im Süden der Monbuttu.[2] Und Diodor (I, 41) erzählt nach Agatharchides, der um 150 v. Chr. lebte: „Er behauptet, es falle jedes Jahr auf den äthiopischen Gebirgen anhaltendes Regenwetter ein von der Sommer-Sonnenwende bis zur Herbst-Nachtgleiche. Nun sei leicht zu schliessen, dass der Nil im Winter, wo er kleiner ist, nur so viel Wasser habe, als seine Quellen liefern, im Sommer aber durch die Regengüsse seinen Zufluss erhalte."

Derselbe Verfasser spricht von Elephanten und Schlangen, die dem Ptolemäus II vom Innern Afrikas gebracht wurden. (Diodor III, 36). Die Römer verschafften sich für ihre Circusspiele afrikanische Thiere, wie Elephanten, Flusspferde, Giraffen, Strausse, libysche Löwen, Leoparden und Hyänen. Hartmann (Die Nigritier, 57), von dem diese Notiz genommen ist, fügt hinzu: „Man kann sich einen ungefähren Begriff über den ungemein lebhaften und grossartigen Verkehr bilden, welcher

---

[1] Vergl. auch Heeren, Ideen über die Politik etc., II, 1, 190 ff.
[2] Schweinfurth, Im Herzen von Afrika, II, 136 ff.

schon damals zwischen den Quiriten und den Gauen Nord-, ferner Innerafrikas stattgefunden haben müssen." [1]

Dies alles bezeugt, dass die alte Welt gute und richtige Vorstellungen von Inner-Afrika hatte; auf welchem Wege sie diese erhalten hatte, ob über Aegypten, Kyrene oder Karthago, kann hier gleichgültig sein; denn davon können wir überzeugt sein, dass was die Hellenen und andere Mittelmeer-Völker von Inner-Afrika wussten, das haben auch die Karthager gewusst, und das haben sie ganz gewiss in ihrem Handelsinteresse auszunutzen verstanden.

Heeren hat nach Herodot (IV, 181 ff.) die Karawanenstrasse der alten Zeit von Theben nach Fezzan durch die Wüste aufziehen können. Von da wurde sie nicht nur gegen Norden nach den Lotophagen und weiter nach Karthago, sondern ganz gewiss auch gegen Süden nach Dar-fur, Sudan u. s. w. fortgesetzt, sei es, dass Herodot, wie Heeren vermuthet,[2] davon gehört habe, oder nicht. Nach dem, was wir oben gesehen haben, kann kein Zweifel sein, dass Karawanenstrassen von Karthago nach Sudan in mehreren Richtungen gingen, und da diese Strassen Jahrhunderte, ja Jahrtausende hindurch unverändert zu bleiben pflegen, so gehen wir wohl nicht fehl, wenn wir aus den jetzigen auf die früheren schliessen. Nun erzählt Schweinfurth (Im Herzen von Afrika, I, 206), dass er im Djur-Lande Bekanntschaft mit einem Sklavenhändler aus Tunis machte, „welcher über Darfur die weite Speculationsreise unternommen hatte, und zwar bereits zum zweiten Male." Auf dieser Strasse können auch die alten Karthager nach Darfur, von da nach der Küste des rothen Meeres, nach den Afer-Dankali und ihren punischen Stammverwandten an der Bab-el-Mandeb-Strasse gekommen sein. Wir hätten in diesem Falle hier einen ganz merkwürdigen Kreislauf. Die Puner des südlichen Arabiens fuhren zuerst über Aegypten, Edom und vielleicht über den persischen Meerbusen

---

[1] Man vergleiche noch, was Hartmann (Die Nigritier 155 und 165 ff.) von diesem Handel sagt.
[2] Heeren, Ideen über die Politik, den Verkehr und den Handel, II, 1, 243.

nach Phönikien; von da gingen sie unter dem Namen „Phöniker" nach Karthago und endlich von Karthago unter dem Namen „Puner" über Land nach ihrer ursprünglichen Heimath am rothen Meere. Aber hier kam ihnen vielleicht ein entgegengesetzter Strom entgegen.

Die Afer-Dankali, an der Küste des rothen Meeres wohnend, und somit einen Zweig oder Stamm der alten Puner bildend, nahmen ohne Zweifel an dem Welthandel hier Theil. Vielleicht vermittelten sie in der späteren Zeit, nachdem sie ihre festen Wohnungen auf der afrikanischen Seite definitiv aufgeschlagen hatten, vorzüglich den afrikanischen Zweig des Welthandels. Zu diesem Zwecke haben sie Stationen, kleinere oder grössere Colonien in Inner-Afrika anlegen müssen, wodurch sie zu einer Auswanderung von der Küste nach dem Innern veranlasst wurden. Wäre es nicht möglich, dass die Fur in Dar-Fur eine solche Colonie sein könnten? Dar-Fur ist ein von Dar, Wohnung, Wohnsitz, Land und dem Volksnamen Fur zusammengesetzter Name, in dem Fur als eine durch die Zusammensetzung bewirkte verkürzte Form von Afer aufgefasst sein muss. Indem die Fur-Afer den verwandten Karthagern entgegenkamen, breiteten sie sich durch die Verwandtschaft und das Handelsinteresse geleitet vielleicht weiter gegen Norden aus, wodurch sie für die Karthager und die Aussenwelt Inner-Afrika gewissermassen repräsentirten. Einerseits drang auf diese Weise der Name Afer nach Norden und machte sich dort geltend, andererseits kam der Name Ofir-Afer für dasselbe Volk und Land durch die Phöniker nach den Mittelmeervölkern, die noch auf einem dritten Wege, nämlich über Aegypten, Bekanntschaft mit der ägyptischen Namensform Aper desselben Volkes haben machen können. Auf dreifache Weise wurden somit die Mittelmeervölker, folglich auch die Römer mit dem Namen Afer bekannt, einem Namen, der weder Aegypter, noch Libyer, noch schwarze Aethioper, sondern ein mit den Karthagern verwandtes, verbundenes und verwechseltes Volk bezeichnete. Von Afer wurde sodann der Name **Afrika** gebildet, wodurch zuerst das von den Afern bewohnte Land, nachher der ganze Welttheil benannt wurde.

Ich gebe diese Erklärung nur als eine Hypothese, indem ich recht wohl weiss, dass erhebliche Einwendungen dagegen gemacht werden können. Dennoch will ich sie nicht zurückhalten, weil sie, wie es mir scheint, besser als die anderen mir bekannten Erklärungen die vielfachen Schwierigkeiten zu lösen vermag.

Ich wende aber wieder zu den Ofirfahrten zurück. Nach dem Vorhergehenden nehme ich an, dass sie hauptsächlich nichts anders als die gewöhnlichen Handelsreisen nach Pun waren, wie sie von den Pun-Phönikern der edomitischen Seestädte Elat und Esjon-Geber über das rothe Meer vorgenommen zu werden pflegten. Die Affen, welche sowohl in Arabien als in Afrika leben, und die indischen Producte, Sandelholz und Pfauen, haben die edomitischen Ofirfahrer auf den Märkten Puns gekauft. Das Gold aber und das Elfenbein haben sie sich durch Expeditionen im Innern Afrikas verschaffen müssen, wobei die mitgegebenen Knechte, d. h. Soldaten Salomos, behülflich sein sollten. Um nach den Gegenden Afrikas, wo Gold und Elfenbein zu erhalten waren, am bequemsten zu gelangen, haben sie an der Küste der Afer-Dankali, etwa am Orte, wo nachher Adulis, die Hafenstadt des späteren Axums lag, mit ihren Schiffen gelandet. Diese Expeditionen waren mit vielen Beschwerden verbunden und dauerten lange Zeit, Monate, ja vielleicht Jahre. Das Sandelholz und die lebenden Thiere, Affen und Pfauen, wurden natürlich erst auf der Rückreise an Bord der Schiffe genommen. Nach der Rückkehr, welche der Bibel zufolge erst im dritten Jahre Statt fand, wurden die Sachen an Salomo abgeliefert, weil er auf einmal sowohl der Oberherr der Edomiter als Participant an der Unternehmung war. Wie wir sehen, werden durch die Annahme, dass eine Colonie aus Pun an dem älanitischen Busen angelegt worden war, die Ofirfahrten leichter erklärlich und verständlich.

Auch in einer anderen Beziehung ist uns diese Annahme nützlich. Herodot erzählt (IV, 42): „Pharao Neko schickte phönikische Männer auf Schiffen aus, mit dem Auftrage, sie sollten den Rückweg durch die Säulen des Herakles herein in das nördliche Meer nehmen und so nach Aegypten kommen. Die Phöniker liefen also aus dem erythräischen Meere aus und befuhren das südliche Meer. So oft es nun Spätjahr wurde, hielten sie an und besäten das Land von Libyen, an welchem sie gerade auf ihrer Fahrt waren und warteten die Ernte ab; worauf sie dann das Korn abmähten und weiter fuhren, so dass sie nach Verlauf zweier Jahre im dritten an den Säulen des Herakles herum nach Aegypten kamen. Da sagten sie, was mir nicht glaublich ist, einem Andern immerhin, dass sie bei'm Umschiffen Libyens die Sonne zur Rechten bekommen hätten. Und so ward dieser Welttheil zuerst bekannt." An der Wahrheit dieser Erzählung, die gerade durch die naive Hinzufügung Herodots am kräftigsten bestätigt wird, ist gar kein Grund zu zweifeln. Nun könnte man, wie bisher geschehen, zwar annehmen, dass die Mittelmeer-Phöniker Colonien am rothen Meere gestiftet und dadurch Bekanntschaft mit den südlichen Meeren gemacht hätten; aber diese Annahme wird alle Bedenken nicht beseitigen können. Begreiflicher und natürlicher wird dagegen die ganze Sache, wenn man von der hier befürworteten Voraussetzung ausgeht, dass die Phöniker ursprünglich im Lande Pun wohnten, von wo sie, den Mittelpunkt des Welthandels bildend, Schiffahrt und Handel gegen Süden und Norden trieben, und Colonien in Aegypten, Edom, Phönikien und an anderen Orten anlegten. Von uralten Zeiten in den südlichen Meeren zu Hause, waren sie natürlich dort sehr wohl, und zwar früher als im Mittelmeere, der Fahrwasser und Länder kundig und hatten daher die nöthigen Bedingungen um nicht allein die Ofirfahrten zu leiten, sondern auch um die Umschiffung Afrikas wagen zu können.

Die vierte Strasse, die ich oben aufgeführt habe, die über den persischen Meerbusen nach den Tigris- und Euphratländern Elam, Babylonien und Assyrien, und von da weiter nach dem

Mittelmeere ging, kann ich nicht näher besprechen. Die Spuren einer kuschitischen Einwanderung in diese Gegenden, die durch die Sagen von der Erscheinung der Fischmenschen aus dem persischen Meere[1] bestätigt werden, muss ich andern Forschern überlassen näher nachzuweisen.

Zum Schluss gebe ich kurz das Endresultat der vorhergehenden Untersuchung an:

Die Bun-Pun, die uns die ägyptischen Denkmäler kennen lehren, waren die Ur-Phöniker, die in den Bab-el-Mandeb-Ländern den ältesten Welthandel und die Culturelemente vermittelten, und indem sie, immer Handel treibend, gegen Norden zu nach dem Mittelmeere vorrückten, legten sie in Aegypten und anderswo verschiedene Handelscolonien an. Dies Resultat muss ich als gesichert ansehen, wenn auch die einzelnen Hypothesen, die ich, um zu einer Gesammtübersicht zu kommen, aufstellen musste, theilweise als nicht stichhaltig betrachtet werden sollten. Vielleicht hätte ich mich nicht mit dergleichen Hypothesen der Kritik blossstellen sollen, allein citius ex errore quam e confusione veritas emergit.

---

[1] Lepsius, Einleitung zur Nubischen Grammatik, CVI.